INTERNATIONAL FITNESS & BODYBUILDING FEDERATION
IFBB
FEDERATION

最後に出場した大会、ＩＦＢＢ男子ワールドカップでのポージング。前ページの写真は、その後の安堵の日々のなかで撮影したもの。撮影した際には、まだ金メダルが手元に届いておらず、会場で授与された銀メダルにて撮影を行った（画像処理により、ゴールドに加工）

ジュラシック木澤半生記

――IRON NERVE 不屈の精神

目次 Contents

第一章 1975-1993 生誕〜大会デビュー

第二章 1994-2016 耐え続ける日々

第三章 2017-2025 苦悩から栄冠、そして感謝へ

この書は、２０２４年、
日本ボディビル選手権20回目の出場で初優勝、
さらにワールドカップ優勝を遂げ、
そのシーズンをもって現役を退いた木澤大祐が、
栄冠に至るまでの日々と、
ナチュラルビルダーとしての哲学について、
書きおろしたものある。

・写真提供　岡部みつる　木澤大祐　マッスルメディアジャパン

・制作スタッフ

書籍デザイン　西藤久美子

構成　森永祐子

第一章

1975-1993

生誕〜大会デビュー

ジュラシック生誕！
実は女の子を望んでいた木澤家

自重を含めたトレーニング歴36年、大会出場歴31年にして、ミスター日本の頂点にたどり着いた、ジュラシック木澤こと木澤大祐が生まれたのは1975年1月9日。僕はセミナーなどで常々「名古屋生まれ・名古屋育ち」と公言しているが、実は隣の三重県四日市市生まれだ。運輸省、今でいう国土交通省で国家公務員として働く父親と専業主婦の母親の間に生まれ、0歳のときに名古屋市の中川区というところに越している。今経営しているジュラシックアカデミーがあるのは名古屋市港区だが、ここから自転車でほんの10分ほどのところになる。幼稚園、小学校、中学校、高校、大学そして専門学校と、27歳頃までずっと、慣れ親しんだ同じ家から通っていた。さすがに0歳の頃の記憶はないので「名古屋生まれ・名古屋育ち」と語ったことは、経歴詐称に問われるほどの重罪ではないと思っている（笑）。

父親は愛知県北設楽郡の出身。県北東部に位置し、長野県に接する、秘境といっても過言ではないほどに自然がとても豊かな場所だ。ヘビは素手でつかまえるし、何でもＤＩＹしてしまう器用でたくましい男である。ジュラシックアカデミーをオープンするときも、内装のことなどでいろいろと手伝ってもらった。ちなみに、ジュラシックアカデミーに設置してある受付カウンターと下駄箱は、父親のハンドメイドである。

残念ながら、僕にはそうした遺伝子は受け継がれていない。不器用で大工仕事などはまるで苦手だし、へビを素手でつかむなんて絶対に無理だ。それでも父親の故郷へ連れて行ってもらったときに、その清々しさに魅せられた記憶がある。今は都会暮らしだが、田舎への憧れがあるのは父親の血をいくらか引いているせいかもしれない。身長は僕が170センチであるのに対して、父親は180センチ。決して無駄に脂肪がつくようなタイプではなかったので、そういう部分は受け継げているのだと思う。

母親は名古屋市出身。僕はひとりっ子として生まれたこともあり、父親はもちろんだが母親からは特に愛情を注がれた。そういう環境だったので、子どもの頃は兄弟姉妹がものすごく欲しかった記憶がある。お兄ちゃんやお姉ちゃん、あるいは弟や妹がいる子がいるとうらやましく思ったものだ。母親は女の子が欲しかったらしく、洋服も髪型もどこかしら女の子チックな格好をさせられていた。幼少期の写真を見ると、どれも女の子と見間違うような、かわいらしい「子ジュラシック木澤」が写っていて、もう笑うしかない。なかには女の子にしか見えないものもあり、今のイカつい外見からは想像もつかないだろう。

近所の幼稚園に通っていた頃は外見のせいもあり、女の子と遊ぶことが多かった。小学校は地元の公立校へ通っていたが、低学年の頃まではやはり女の子に間違われることが多く、今とはかなりの隔たりがあった。さすがに女の子の習い事はしていなかったが、エレクトーンは小学校低学年くらいから中学くらいまで習っていた。その割に、今はまったく弾けないし、楽譜も読めない。とにかく、ナチュラルボディビルダー日本一にたどり着いた男とは、かけ離れた幼少期を過ごしていた。

小学時代、体は特に大きいほうではなく見た目は普通だったが、足が速かったので陸上部に所属していた。野球やサッカーなどのチームスポーツはやっていなかったが、その頃は水泳クラブにも通っていて泳ぎは得意だった。運動神経が良く、何をやってもそこそこできる子どもだった。

ところが小学1年の頃、時々血尿が出るようになる。病院で検査を受けると、腎臓に血がたまることが判明した。すぐに腎臓から血を抜く手術を受け、その年の夏休みは丸々入院して過ごした。当然、医師からは激しい運動を禁止されてしまい、それが原因で一時、水泳クラブをやめることになった。この頃は腎臓と相談しながらの生活を強いられていた。運動神経は良かったけれど、体はそれほど丈夫ではなかったかもしれない。ただ、幸いにもそれ以降は大病をするようなこともなく、時は流れた。

もうひとつ、この頃の特徴といえば、とにかく勉強がよくできた。中学は公立に行かず、受験をして国立の名古屋大学附属中学校に進んだ。ここは、将棋界で次々と最年少記録を塗り替えている藤井聡太棋士が通っていたことで知られる。現在はかなりの進学校になっているようだが、僕が通っていた頃は天才や秀才が集まるようなエリート校ではなく、ガラガラポンのくじで入れるところ。1学年に2クラスしかなく、独創性が高くとても楽しい学校だった。これは自分自身に原因があるのだが、高校や大学時代が散々だったこともあり、今思い返すと中学時代が一番充実していた。

中学に進んでからは、小学生の頃からやりたかった軟式テニス部に入部した。勉強ももちろん頑張ったが部活にも熱心に取り組み、3年生のときにはキャプテンも務めた。ただ軟式テニス部にもかかわらず、僕がキャプテンになってからは補強という名の筋トレをやたらとやるように変化した。後輩からは「筋トレをやるために入部したわけじゃありません！」と猛烈なクレームが寄せられた㊫。テニスとはほぼ無関係の個人的な趣味を、部員全員に押しつけていたのだから、付き合わされたほうはいい迷惑だっただろう。

まだ入部したての頃だったと思うが、軟式テニス部にはふたつ上のすごくたくましい先輩がいて、とてもイカしていた。「先輩みたいな太い腕や厚い胸になりたい！」と強く思ったことを記憶している。今にして思えば、これが体を鍛え始めたきっかけかもしれない。

ちなみに、その先輩とは今でも交流がある。先輩はホームジムをつくり、毎日筋トレを続けている。ジュラシック木澤の初単独ビデオ『ＲＵＳＨ』（２００２年発売）には、一緒に背中のトレーニングをする姿が収録されている。

男の子だったら誰でもそうだろうが、思春期真っただ中の自我に目覚めるこの頃、強くたくましい大人の男性に憧れるのは至極当たり前のこと。僕も例外ではなかった。そうして始めた肉体の鍛錬が、高校へ行っても、大学へ行っても、さらには大の大人になっても途絶えることなく続いた結果、ナチュラルボディビルダー日本一という称号を手に入れるまでに至った。14歳の少年の純粋無垢な思いが途切れることなく、36年間にわたり心の中で灯り続けていた結果だ。

ただ、この頃にはそこまで続けようという意気込みはなかったし、特に深い考えもなかった。単純に強く、たくましくなりたいという思いだけだった。

鍛錬の始まりは先輩への憧れと級友への対抗心

軟式テニス部のふたつ上の先輩のたくましい体に憧れを抱いていた一方、身近でもっと切実な問題が発生していた。実家が柔道場というクラスメートがいて、そいつにどうしても腕相撲で勝てないのだ。彼はもちろん柔道をやっていて、中学生にして体重110キロ。県内でもなかなか有名な選手だった。遊びで腕相撲をしたら負けてしまい、その後何度もリベンジを挑んだが、結局一度も勝てなかった。

柔道が強く、体重も自分の倍近くあるのだから、負けを認めればそれで済むのかもしれないのだが、同級生に負ける自分が許せない。悔しくて仕方がなく、強くなりたいと思った。強くなって腕相撲で勝ちたい、と。

その頃の僕にとって、強さの象徴でありヒーローだったのは、千代の富士やシルヴェスター・スタローン、アーノルド・シュワルツェネッガー。特に千代の富士は「目つきが似ている」などと周りから言われたこともあり、かなり意識していた。「あんな筋肉をまとったらカッコいいだろうな」という考えが頭に浮かぶようになったのは、確かにこの頃だったと思う。そして、先輩への憧れと腕相撲の強い級友に負けたくないというふたつの気持ちが、筋肉を鍛え始める原動力になったのではないだろうか。

思春期のこの頃、男子だったら誰もが憧れる男らしいたくましさへの憧れ。強くなりたいという思い。そんなごく単純な感覚こそ、筋肉を鍛錬する道が始まった瞬間だと思っている。このときにはボディビルダーになろうなどと思うどころか、ボディビルという言葉さえ知らなかった。

鍛えたかったのは、憧れの先輩と同じ腕と胸で、他の部位には一切興味がなかった。家に父親が買ってきた10キロの青い鉄アレイがひとつだけあり、まずはそれでカールをすることから始めた。中学2年の少年に上腕二頭筋という概念があるはずもなかったが、とにかく腕を太くするにはカールをすればいいことくらいは想像がつく。上腕二頭筋とは、いわゆる力こぶの部分だ。ポパイの腕だと思ってもらえばいい。では、どうするか？　カールをやりまくるのだ。何回とか、何セットとかはない。とにかくできなくなるまでやる、やり倒す。これしかないと思ってやり尽くした。

一応、上腕三頭筋もやった。上腕三頭筋は、力こぶを成す上腕二頭筋の反対側、腕を曲げて見せたときに下側になる部分である。上腕二頭筋がカールなら、上腕三頭筋はフレンチプレスだ。当然、種目名も効かせるコツも知らないが、力こぶの対極である筋肉もつけば腕自体はさらに太くなるだろうという考えからのアプローチである。中学生にしてはなかなか賢い考えじゃないか！

トレーニング上級者なら知っていることだが、実際のところ腕を太くするなら、体積の大きい上腕三頭筋を大きくすることに注力したほうが手っ取り早い。トレーニングを始めたばかりで上腕三頭筋も鍛えることに気がついたのは天才的なひらめきだ。

しかしながら、その頃の僕はまだまだ非力で、10キロでのフレンチプレスは無理。動作する反対の手で補助しないと動かせなかったのを覚えている。気を抜くと、振り上げた鉄アレイが頭に落ちてきて、痛い目に遭うこともあった。

とにかくこの頃は、家にいる間はずっと、この鉄アレイと共に過ごした。

学校から部活動で使っていた軟式テニスボールを持ち帰り、それを常に握りしめて握力も強化した。あとは腕立て伏せ。10回しかできなかったのが、いつしか100回できるようになり、さらに回数を増やしていく。少しでも負荷を増やしたくて、鉄アレイを入れたリュックを背負った状態でも行った。延々にはできないので休み休みだが、自分の体が千代の富士のようになるのを夢見て、日々継続した。

家でのトレーニング中は常に、ビデオに録画したスタローンの『ランボー』や、シュワルツェネッガーの『コマンドー』を観ながら自分と格闘していた。この頃に学んだのは、なんでもねちっこくやること、つぶれるまで行うこと。つぶれても休みを挟んで、また同じ動作を繰り返す。狙った筋肉がグウの音も出ない、つまり「もう動かない」という状態に達するまでやり抜くのだ。今のトレーニングの基本的な考え方＝粘りというものは、この頃にでき上がったといっても過言ではない。負荷（重量）が足らない分、粘ることで筋肉を限界まで追い込むことが筋肥大の鍵だということが、本能的にわかったのだと思う。今のトレーニングと根本的に違う点といえば、「どれだけやるか」という総量に関してだろう。この頃は「何セット行う」という考え方ではなく、時間が軸だった。「何時間やる」あるいは「何時までやる」という感じだ。

鍛えたかったのは腕と胸だが、よく公園へ行って懸垂もした。強くたくましい男を目指すからには、懸垂も必須科目。それも回数やセット数を決めるのではなく、1時間だったり2時間だったり、時間を単位として行っていた。長いときには学校が終わってから暗くなるまで3時間、公園で懸垂をしていたこともある。

この頃に行っていたのは、「チンニング」ではなく「懸垂」だ。

トレーニング歴36年になった今、背中のトレーニングはチンニングからスタートする。ウォームアップはなく、最初のセットは15回。次のセットからは必ず9回で、9回以上できないし、9回以下に減ることもない。安定の9回だ。「筋肉に効かせる」ことを覚え、身に染みついてしまったため、無限に回数をこなすことができなくなってしまった。

今、チンニングを1時間、2時間やれと言われても、できないだろう。懸垂ならどうか？ やはりできないと思う。あの頃の木澤少年とは体重が違うし、感覚も異なるからだ。根底にある「できなくなるまでやる」という気持ちは変わらないまま36年の年月が流れたが、背中の筋肉に効かせるチンニングと、体を持ち上げる懸垂の違いもある。

今、チンニングは4セット行うが、時間にして15分もかかっていないはずだ。その他に6種目、合計7種目のトレーニングを1日のなかで2分割して行っているが、その両方を合わせても2時間半から3時間程度。トレーニング時間でいえば、少年時代も勝るとも劣らないことをしていたのだ。何の理論にも基づかない、感覚だけが頼りのアプローチだったが、思い返してみても決して間違っていたとは思わない。この頃に身につけた「とことんやり込む」姿勢は今も活きているし、日本一にたどり着くための底力となっていた。

超エリート校の授業についていけず再燃した鍛錬への思いのままにジムデビュー

通っていた中学は中高一貫の6年制だが、なぜか成績が良かったこともあって高校は別のところを受験し、腕相撲の強かった級友とも離れた。愛知県江南市にある、私立の滝高等学校というところだ。

ここは卒業生のほとんどが医師や会社社長になるような進学校で、地域の秀才・天才が集まる。正直、となんでもないところへ来てしまった。小学、中学と成績はクラスで一番と、勉強にはそこそこ自信があり、十分にやっていけると思っていた。しかしながら、滝高等学校は偏差値70の超エリート校。勉強に明け暮れなくても常に成績上位だった小中学校時代から環境は一変し、本当に頭脳明晰な選ばれし人間が集まるところへ来てしまった。

井の中の蛙が大海を知った途端、それまで持っていた自信は音を立てて崩れた。あまりの落差にすべてのやる気を失った。勉強についていくことができず、僕は落ちこぼれた。一度つまずいてしまい勉強がわからなくなると、もう無理。先生の話している言葉がまったく入ってこない。英語の授業ではないのに、まるで外国語を聞いているかのように何を話しているのか理解できなくなるのだ。

そのうちに、自分のいる場所が見つけられずに学校を辞めたいという思いが頭をよぎるようになったが、

2019年日本
ボディビル選手権

2013年日本
ボディビル選手権

どこにも似たような境遇の仲間はいるもので、同じように勉強についていけない輩とつるむようになった。昼食は毎日のように学校から抜け出して、近所の中華料理屋や蕎麦屋に通った。今では、テレビや映画でタバコを吸うシーンはほとんど見られなくなったが、当時のカッコいい大人たちは皆、タバコを吸っていた。青春真っただ中にあればどんな進学校でも、カッコいい大人への憧れからタバコを吸う者がいた。しかし僕には筋トレがあったから、体に害を及ぼすことが目に見えているタバコに手を出すことはなかった。

高校に入ったばかりの頃は明るく輝く未来を疑わずに過ごしていたが、暗雲が立ち込めて先行きが不透明になってくると、忘れかけていた「体を鍛えたい」という欲求が自分のなかで再び大きく膨らんだ。高校へは電車で通っていたのだが、途中の駅の近くに枇杷島スポーツセンターという市が運営しているジムがあった。中学のときから決めていたジム通いをいよいよ実行するときがきた。高校1年の終わり、2月か3月頃だったと思う。

意を決して、というほど大それたものではなく、5回1000円の回数券を買うという、ゆるい感じのジムデビューだった。なぜなら、それから30年以上もトレーニングを継続することになるなど、このときには知る由もなかったからだ。それでも通い出すと、その楽しさからすぐにハマってしまい、学校帰りに週4回ほど通った。回数券はすぐに1カ月2000円の定期券（現在は1600円）に切り替えた。

入会時にはオリエンテーションがあって、器具の使い方などをひと通り説明してくれるのだが、それ以降は自分の好きなようにトレーニングができる。やることは毎回同じで、まずはダンベルカール。次にベンチプレス、そしてダンベルプレス。飽きることもなければ、疑問を感じることもなく、ひたすら同じことを繰り返していた。鍛えたかったのは腕と胸だから、それで良かったのだ。

設備的には最近のジムほどの充実度はなく、ダンベルは20キロまで。バーベルはセットバーベルといって重量の付け替えができないタイプで、MAX45キロ。ここではそれらを駆使して、回数をたくさんやるのがセオリーだった。マシンは油圧を利用したもので、早く押そうとするとかなりの抵抗がかかる。油の通る穴の大きさを変えることで負荷が変わる、今では見かけないタイプのものだった。そのマシンはどうもしっくりこなかったので、ひたすらダンベルやバーベルをやり込んだ。

一番やったのは、やはりカールだった。真剣にやりすぎて周りが見えなくなり、思わず声を上げることも多く、「静かにして！」とよく注意を受けたものだ。当時、付き合っていた彼女がいたのだが、その彼女をロビーに待たせて3時間くらいトレーニングをするのが常だった。今思い返すと、待たせるほうもそうだが、3時間待つほうも何を考えていたのだろうか。相当ヤバい彼氏だったに違いない（笑）。

ここで最初の数年間は体を鍛えたのだが、ジムでやるのはカールとベンチプレスくらいで、背中に関してはほとんど、脚に至ってはまったくと言っていいほどトレーニングしていなかった。背中は懸垂さえできればよかったから、公園で十分だった。もし脚のトレーニングをしていたならウエイト不足を感じていただろうが、脚を鍛えるという考えがなかったおかげで設備に不便さを感じることもなく、高校を卒業するまで通い続けた。

ただ、家族にしてみれば、進学校へ通う息子が落ちこぼれているわけだから「お前、ジムに行っている場合じゃないだろ！」という感じだった。女の子を望んでいた母親は特に、筋骨隆々な体を目指して何かを始めた息子の変化に敏感だった。細くてやわな体を望んでいたかどうかはわからないが、少なくとも、筋肉をつけたたくましい体になることは望んでいなかったようだ。

結果として、この頃から母親との戦いが勃発した。今となれば笑い事だが、当時は毎日が本当に戦いだったのだ。激しく口頭で何か言われるわけではない。毎朝学校へ行こうとすると、トレーニングするときに着るウエアやシューズが消えてなくなるのだ。それらを探すところから始まる毎日だった。母親にしてみれば、なんとかジムへ行くのを阻止しようという一心だったのだろう。母親には、毎日風呂上がりに「気持ち悪い！」と罵声も浴びせられた。「気持ち悪い！」が褒め言葉だという感覚は、この頃に芽生えた。

学校で落ちこぼれてもグレたりしなかったのは、トレーニングという軸が存在していたからに他ならない。「周りが脳みそなら、俺は筋肉だ！」という訳のわからないスローガンを掲げ、ひたすらトレーニングに没頭していた。いや、没頭することで、落ちこぼれている状況を忘れようとしていたのかもしれない。

この頃は「誰よりもデカくなりたい」という気持ちがものすごく強く、それだけは誰にも負けないという自負があった。その思いが強すぎるあまり、時に頭がおかしくなりそうになったり、追い込みすぎてケガをしたりしたこともある。過激な思想に取り憑かれていたことは否めない。

高タンパクと信じて食べ続けた○○ 市営ジム放浪でたどり着いたボディビルの道

ボディビルではトレーニングと休養、そして栄養摂取が筋肉を大きくするために必須の3要素といわれる。しかしながらジムへ通い出した頃、栄養補給に関してはまったく関心がなかった。

そもそも当時は、今では考えられないほど食事に関する情報が一切なかった。SNSなどないし、その頃はまだ、のちにバイブルとなる『月刊ボディビルディング』も購読していなかった。トレーニングに関する知識も乏しいのだが、それに輪をかけて栄養に関する知識は皆無だったのだ。

朝食は、家で出てくるものを普通に食べる。パンにハム、ヨーグルトだ。サラダも食べただろうか。昼食は購買部で買うか、登校中のコンビニで買う惣菜パン。あとは、仲間と抜け出して行く中華料理屋では、いつもからあげと味噌ラーメンの定食を食べていた。もちろんプロテインなど一度も口にしたことはない。

ただ、たんぱく質をとらなくてはいけないことはなんとなく知っていたので、そこには留意した。その頃、唯一ルーティンにしていたのは、枇杷島スポーツセンターでトレーニングした後、駅へ向かう途中にあるコンビニで500ミリリットルの牛乳を飲むこと。僕のなかでは「これさえ飲めば筋肉がつく!」という最強のルーティンである。牛乳500ミリリットルに含まれるたんぱく質なんて、卵1個分程度のものだが、知識のなかった僕が毎回欠かさずにとり続けた黄金の栄養素だった。

あるとき突然研究意欲に襲われて、栄養成分表を調べ、たんぱく質の多い食材を探してみた。意欲が高かったのはいいが、注意力が散漫だったのかもしれない。いや、これは栄養成分表が横に長い体裁なのが悪い、というしかない。数字を見てたんぱく質の多いものを探し当てたのだが、その名前をたどるときにずれが生じたらしく、見つけた答えは「シイタケ」だった。

その後、母親に「シイタケを出してくれ！」と頼み、木澤家の食卓にはシイタケ料理がやたらと出るようになった。1年くらい気づかずに「高たんぱく食＝シイタケ」を食べ続けたのだ！　今にして思えば、卵の重要性に気づくべきだった。卵なら家に常備されていたのだから。そのような貧弱な栄養摂取でもハードなトレーニングの成果が現れ、高校の終わりには上腕囲が43センチになっていた。

高校では勉強をした記憶はないが、親に退学することを許されず、ギリギリで卒業するに至った。卒業生のなかには現役で東大へ入学する者が何人もいて、地元の国立大学である名古屋大学へは当たり前のように現役合格する滝高等学校である。公務員だった父親から「大学は出ておけ」と言われ、当時の自分の学力でなんとか入れる愛知県内の大学へ進学した。もちろん親が望むような大学へは行けなかったが、一応は大学と名のつくところへ進み、土木工学専門科へ通うことにした。

高校を卒業すると同時に運転免許を取得し、父親のお下がりのトヨタビスタで行動範囲を広げた。それが、さらにトレーニングにハマった一因でもある。高校時代にずっと通っていた枇杷島スポーツセンターは、数多くある市営ジムのなかでもどちらかというと初心者向け。遠くへ足を延ばすと、ベンチプレスもスクワットも100キロ以上でできるウエイトがそろうジムがあり、そこへいつでも行けるということで心は躍った。実は高校3年生の頃から、いくつかの市営ジムをかけもちするようになり、毎日のように2時間ほどかけて自転車で移動していた。往復で50キロある高校にも、週1回は自転車で通学していた。枇杷島スポーツセンターでは脚は一切トレーニングしておらず、自分のなかでは自転車通学が唯一の脚トレだった。

高校卒業を機に枇杷島スポーツセンターも卒業し、地元の名古屋市中川区にある露橋スポーツセンターに移籍した。とはいえ、ここも市営ジムで、会員として所属しているわけではないので、移籍というほど大袈裟なものではなく、ただトレーニング場所が変わっただけだ。その他にも、名古屋市港区にある稲永スポーツセンターや南陽スポーツセンターなどを巡回してトレーニングを楽しんだ。「この部位はここでトレーニングしたい」とか「この部位はあのマシンがあるあそこで」というこだわりからではなく、気分転換で巡っていた。お気軽なジム放浪がボディビルダー・木澤大祐を生み出すことになるとは、このときにはまったく予期しなかった。

高校時代に2年間お世話になった枇杷島スポーツセンターをはじめ、露橋も稲永も南陽も皆、市営ジムだ。現在でも1回の利用料は300円、月額利用は1600円。よくある24時間ジムやchocoZAP、ましてジュラシックアカデミーに比べたら格段に安い。もちろん僕が通っていた時代には、それらの選択肢はまだ存在していなかったのだが。いずれにしても、格安の定料金（低料金）でトレーニングができる、とてもありがたい場所だ。

どこも名古屋の市営だがマシンや設備が微妙に異なり、それぞれに特色があった。特に露橋は市営ジムでも競技ビルダーの在籍数が一番多かった。そうした予備知識もなく、家から近いという理由で通い始めた露橋スポーツセンターだったが、愛知県の現役チャンピオンをはじめ、ボディビルダーの先輩方が数多くいた。大会直前で絞り込まれ、肌も尋常ではないほど真っ黒なチャンピオンを初めて見たときには、絞れているコンテストビルダーを初めて目にしたこともあり、その迫力に完全に圧倒された。

ここには「露橋ボディビル同好会」という競技ビルダーが所属する同好会があって、愛知県ボディビル・フィットネス連盟の前理事長である井村博一さんが代表を務めていた。僕は特に言葉を発することもなく露橋ボディビル同好会に入会することになった。おそらく入会しないという選択肢は存在しなかっただろう。それまではひとりで孤独にトレーニングに励んでいたが、この頃からはジムへ行くと同じ時間帯にトレーニングをしている先輩が必ずいて、いろいろと教わるようになった。その流れで「お前もボディビル大会に出てみろ！」「いいところまでいけるぞ！」という感じで、こちらの返事は一切聞くこともなく大会出場が決まった。ボディビルダー・木澤大祐は僕の意志とは別のところで誕生したのである。ただのトレーニング狂だった青年が、ボディビルという競技に足を踏み入れた瞬間でもあった。

初めての減量は「なんでも半分法」
大会デビューを機に脚トレを開始

18歳、大学1年の夏に出場した愛知県ボディビル選手権新人の部。これが、その後31年に渡る競技人生の出発点だ。場所は名古屋市公会堂。ポージングは大会の少し前に井村博一さんに見てもらった程度で、付け焼き刃もいいところだった。

ステージに上がると照明がバーンと目に飛び込んできた。緊張もあり、客席はまったく見えなかった。見る余裕がなかったと言ったほうが正しいかもしれないがよく覚えていない。ただ、フリーポーズに使った曲ははっきり覚えている。映画『ロッキーⅣ／炎の友情』の「Hearts on Fire」だ。高校時代に落ちこぼれたことで呆れていた父親が応援に駆け付けてくれたが、母親は大会出場を聞いてさらに嫌悪感を増し、応援には来てくれなかった。

この頃は現在とは違い、18歳で大会に出ていることが話題になるくらい若い選手がいなかった。「あいつすげぇな。まだ18歳だってよ！」というようなノリだ。上半身のバルクはそこそこあったので、人目を引いた。それでも結果は2位。このときに露橋スポーツセンターの先輩方から「お前、脚が細すぎるわ！」と苦言を呈され、初めて脚のトレーニングをやる気になった。上半身はトレーニングをやり込んでバルクアップしていたが、脚はトレーニングをしていないのだから当たり前だ。今でこそ「ジュラシック木澤＝脚トレ＝高重量スクワット」というイメージが持たれるようになったが、トレーニングを始めてから数年間は、脚を鍛えることに興味がなかった。トレーニング歴は36年だが、脚のトレーニング歴は大会出場歴と同じ31年と改めておこう（笑）。

大会デビュー時の減量法は「なんでも半分法」。食卓に出てきたものはなんでも半分だけ食べるという画期的な減量法だ。だから、からあげも食べるし、焼きそばも食べる。ただし量は半分、というシステムである。それでもその頃の写真を見ると、決してボテボテではない。絞り切れているとは言わないが、新人戦で準優勝するくらいには絞れていた。どちらかといえば体重が増えにくいタイプなので、食べているもののPFCバランスがどうであれ、摂取カロリーを半分にするだけで絞れたのだと思う。

絞り云々よりも、大会に出たことでさらに体を大きくしたいという欲求に火がついた。その当時、エブリウェアというバギーパンツが流行っていて、ボディビルダーは誰もが穿いていた。露橋スポーツセンターでも井村さんが「バギーパンツ注文するぞ！」と声を掛けると「じゃあ、僕はこの柄で！」と選手はもれなく購入していた。「バギーパンツ＋ラグトップ＋ウエストポーチ」が最新のボディビルファッションという図式ができ上がっていたのだ。ところが、ダボダボのバギーパンツは、脚が細いとまるで様にならない。鏡に映った自分のバギーパンツ姿が許せなかった。そこで、とにかくスクワットをやり込んだ。初めて全身を鍛えるルーティンを手に入れたのだ。

大学にもトレーニンググルームがあったので、車を停めるとトレーニンググルームへ直行。そしてトレーニンググを終えると駐車場へ向かい、車に乗って帰る。学校には行くのだが、校舎へは立ち入らないのだ。トレーニングをしに学校へ行っているといっても過言ではない大学生活だった。

授業を受けずに何をしていたかというと、中華料理屋でのアルバイトに明け暮れていた。大学在学中に3年間お世話になった店だ。平日はもちろん土日も忙しい店で、昼も夜も、接客から調理場で鍋を振るまですべて担当していた。最大の収穫は、なんといっても中華料理の賄い飯。ランチタイムが終わると賄いの時間になるのだが、五目焼きそば3人前や超山盛りの天津飯などを好きなだけ食べさせてくれた。今でこそトレーニング前は空腹派だが、その頃は賄いの中華を満腹になるまでかき込んだら、すぐに20分ほど自転車を飛ばしてジムへ行き、トレーニングをして夜の忙しい時間までには店に戻ってまた働くという日々だった。仕事終わりには夜食も持ち帰らせてくれたオーナーには、感謝しかない。

中華料理屋での賄い飯効果はバルクアップに絶大な効果を発揮した。1回の食事で白米どんぶり3杯は当たり前で、食べられなくなるとお茶をかけてでも流し込んだ。その甲斐あって、20歳のある日に一瞬だけ100キロを記録した。このおかげで、太りにくい体質から脱却した気がする。

枇杷島スポーツセンターでもそうだったが、たまに友達を連れて行っても長続きしないので、ジムに同世代はひとりもいなかった。露橋では周りの先輩方が全員かなり年上ということもあり「大ちゃん、大ちゃん」と呼ばれ、とても可愛がっていただいた。大会に出場するようになったことで、遠征するときには費用をカンパしてくれるなど、皆が応援してくれた。僕のトレーニングの補助のために、露橋に来てくれる先輩ビルダーもいた。デッドリフトでは床に寝て、ベンチプレスをするような感じで補助をしてくれるなど、何から何まで補助してもらった。おかげさまで体はものすごくデカくなったのだが、補助グセがつき、その人がいないとトレーニングができないようになってしまったのは計算外だった。

次の年も愛知県選手権の青年の部に出場したが、新人戦と同じ人に負けて2位に終わった。青年の部というのはあまり聞き慣れない言葉だが、当時の愛知県選手権は100人を超える選手が出場しており、新人の部とオーバーオール（一般の部）の間に、青年の部というものが存在していたのだ。

その次の年には、満を持して愛知県選手権のオーバーオールに出場し結果は3位。優勝できずに悔しい思いをしたかというと、そんなことはなかった。なぜなら自分の思い描くボディビルダーは「迫力」そして「大きさ」だから。大会で負けても、自分が一番デカければ満足だし、もし優勝したとしても、自分よりデカい奴がいたら不満なのだ。目標は「誰よりもデカいナチュラルボディビルダー」なので、順位は気にしない。

31年間大会に出場し、ラストイヤーに日本一の称号をいただいたが、愛知県選手権では一度も勝っていない。それが心残りだったので、引退する前に出場して、地元のタイトルを獲ろうと真剣に考えていた。ところが、井村理事長（当時）に愛知県選手権のゲストを依頼されたため、結局選手としての出場は見合わせた。それでも、現在も名古屋市公会堂で開催されている愛知県選手権のステージにゲストとしてもう一度立ったときは、思わず涙がこぼれた。

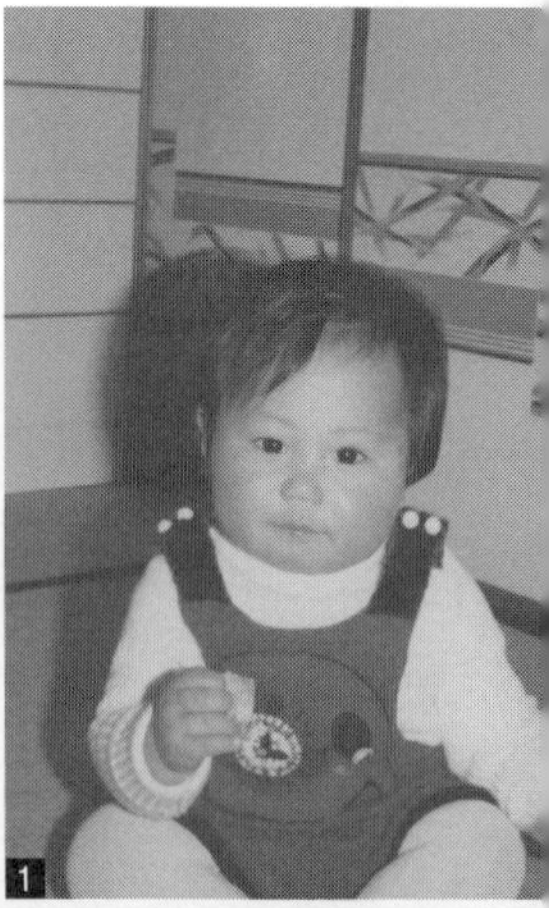

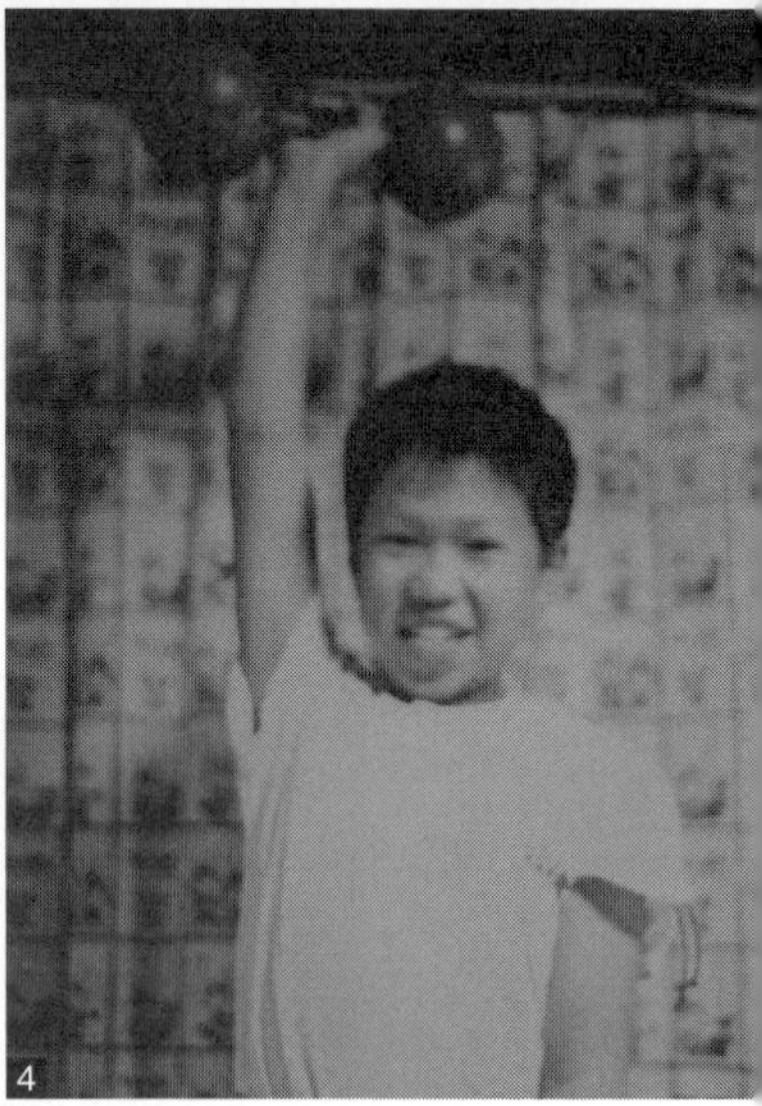

1女の子チックな服装・髪型をしていた（させられていた）幼少期。2小学校入学。1年生のときに腎臓に障害がみつかり、以降、激しい運動を禁じられる。3父と。4その父が家に置いていた10キロの青い鉄アレイ（ペアでなくひとつのみ）で上腕を鍛え始めた中学時代。5中学校では軟式テニス（ソフトテニス）部に所属。6中学時代のクラスメイトたちと。右端が著者

第二章

1994-2016

耐え続ける日々

日本ジュニアを経て初めての日本代表選出
男も惚れる〝アニキ〟との出会い

愛知県選手権出場と並行して、日本ジュニア選手権にも出場した。今はジュニアや高校生の大会にも多くの選手が出場して盛況だが、その頃は出場する選手がほとんどいなかった。若い頃からトレーニングをすることが一般的ではなかったのだ。周囲を取り巻く環境、特にジムの数が今とは圧倒的に違う。

日本ジュニア選手権は、現在は23歳以下の大会だが、当時は20歳以下の選手が出場できた。初出場した19歳のとき（1994年）には、出場選手は10名程度ではなかったかと記憶している。この頃には減量のコツをつかみ、アルバイト先の中華料理屋でバンバンジーのタレなしで白米を食べたり、ゆで卵の白身だけを食べたりして、たんぱく質も十分補給できていた。

8月7日に東京で行われた第6回日本ジュニア選手権は、日本マスターズ選手権との同時開催で、2位に入ることができた。出場人数こそ少ないものの、初めての全国大会。終了後にはレセプションもあり、とても華やかだ。レセプションの場でその年の9月にマレーシアのマラッカで開催されるアジア選手権の派遣選手が発表された。2位の僕も選考対象となり、名前が呼ばれたときにはものすごく高揚したのを覚えている。すぐに自宅へ電話をかけ「日本代表に選ばれてアジア選手権へ行けることになったよ！」と伝えると、初めて母親が少し喜んでくれた。今までは体を鍛えることと引き換えに学業をおろそかにしてしまい、いくらか引け目を感じていたのだが、日本代表になれたことで家族の気持ちも少しずつ変化しているような気がした。

アジア選手権ではジュニア男子ボディビル70キロ超級に出場し、6位に入賞した。バリバリではなかったかもしれないが、仕上がり体重は78キロくらいだったと思う。アジア選手権に出場する日本選手団は、玉利齋会長（当時）ご夫妻をはじめとした十数名で、日の丸のついたおそろいのジャージを身にまとって空港に集合したときには「一生懸命頑張ればこんなにいいことがあるんだ」と、それまでの短いトレーニング人生が思い返され、胸がいっぱいになり言葉が出なかった。同時に、「いつかは一般の選手として日本代表の一員になりたい」という強い思いが込み上げた。

マレーシアへの遠征は約1週間、チームジャパンとして行動することになる。このときに同部屋で1週間過ごしたのが、日本のトップ選手として活躍していた吉田真人選手、吉田のアニキである。ここでは、敬意を込めて「アニキ」と呼ばせてもらおう。

アニキは僕より10歳上で、当時、一番の注目を集めていたボディビルダー。１９９４年7月号の『月刊ボディビルディング』で表紙を飾り、「注目度ナンバーワン　吉田真人のスーパーダイナミックトレーニング」が特集されている。１００パーセント品行方正というよりも、今でいう「ちょいワル」な匂いのする、男も惚れる漢だ。１９９２年のミスター日本で8位、１９９３年には9位、そして１９９４年には5位と、まさに日本のトップボディビルダーである。リーゼントに、アロハシャツの上半分のボタンをはだけて大胸筋をチラリと見せ、肩で風を切り歩く姿に、強烈に憧れた。街ですれちがう人は皆、自然と道を開ける。とにかくカッコいい！ 19歳の僕がアニキを見る目は、光り輝いていたことだろう。強くたくしい男に憧れてトレーニングを始めたが、吉田のアニキはまさにその象徴だった。

同じ部屋で過ごした1週間は、何ものにも代え難いものを僕にもたらした。それは希望であり、やる気であり、心に収まり切らない熱いものである。アニキは「大祐、俺が住んでいる横浜は、去年ここにランドマークタワーができてな…」という具合に、見たことのないハーバーの地図を描きながら説明してくれた。もちろんトレーニングの話もしたが、アニキの語ることすべてが新鮮でたまらなかった。初めて男が漢に惚れるという稀有な経験をした。初恋ではない。間違っても恋心ではないことは確信していた（笑）。

帰国後も連絡を取り合った。当時は、ポケベルでの呼び出しが常套手段。携帯電話はまだ普及しておらず、ポケベルに横浜市の市外局番０４５から始まる呼び出しが入る。そうしたらすぐに公衆電話を探して路肩に車を停め、電話をかけるのだ。横浜と名古屋は３００キロ以上離れており、10円玉が何枚あっても足りないので、ポケットには常に１００円玉をたくさん用意していた。

もちろん横浜へ遊びにも行く。アニキがいつもトレーニングしているマックスというジムを訪ねたときは、あまりの設備のすごさに外国に来たのではないかと感じられた。ものすごい数のマシンやウエイトが鎮座していたのだ。ちなみに、ゴールドジムの日本1号店であるイースト東京がオープンしたのは１９９５年7月なので、大規模なジムはまだ少ない時代というのもあるが、アニキの筋肉のデカさの秘密を垣間見たような気がした。マックスへ行くと腕相撲台があり、アニキに「大祐、腕相撲するか?」と言われた。その頃には腕相撲にもかなりの自信をつけていたので、喜んで挑んだのだが結果は秒殺。中学のときに散々悔しい思いをした腕相撲でまたもや負けたのだが、不思議にも悔しさは1ミリも湧かなかった。悔しいというよりも、アニキの強さに酔いしれる自分がいたのである。

横浜へ行くと、アニキはいすゞのビッグホーンという大型SUVでいろいろなところへドライブに連れて行ってくれた。いつかこんなカッコいい車に乗りたいと思っているところに、アニキが車を乗り換える予定だという話が聞こえてきた。これはもう、いただくしかない! どうか譲ってほしいと懇願し、譲り受けることに成功すると、仲間4人で横浜へ引き取りに向かった。大きな漢に大きな車、ピッタリのイメージだ。一緒にトレーニングをしたり食事をしたりして、真夜中に仲間と一緒にビッグホーンを走らせ、名古屋まで帰ってきた。学生でお金がないため、高速は使わずに国道1号線を名古屋までひたすら走行した。眼前に朝日が昇ってきたときには、ものすごく清々しかったことを覚えている。

ビッグホーンには屋根にのぼるハシゴがついていたので、よくのぼって日焼けをしたり食事をしたりした。父親の故郷である北設楽郡やアウトドアにも数え切れないほど出かけたし、冬になるとスノボをしに岐阜や長野のスキー場へ行った。アニキがこの車で北海道を旅したと聞くと、2年連続で北海道へも車を走らせた。

乗り継いでから10万キロは距離を延ばしただろうか。アニキとはそんなつかず離れずの間柄で、もちろんいまだに付き合いは続いている。

アジア選手権での衝撃 海外のドーピング事情に込み上げた怒り

1994年のアジア選手権は、初めての海外での試合。マレーシア・マラッカで開催され、ジュニア男子ボディビル70キロ超級に出場して6位だったことは報告した通りだ。その頃のジュニアは年齢制限が現在より3歳も低い20歳以下。つまりほとんどが10代の青年で、僕自身も19歳だった。ワクワクする気持ちを抑え切れず、現地へ向かう道中で「絶対に優勝してやるぞ！」と意気込んでいたのを覚えている。ジュニアなので、日本選手団のなかでも当然ながら一番年下。吉田のアニキをはじめとした先輩ボディビルダーに囲まれて日の丸を背負い、「優勝トロフィーを持って帰るんだ！」という強い気持ちで飛行機に乗り込んだ。

しかしながら、現地で飛び込んできたのは「これがボディビルディングなのか⁉」という目を覆いたくなるような現実。初めて日本代表の一員として国際大会に出場したことも、そこでの吉田のアニキとの出会いも大きな収穫だが、ドラッグの洗礼は、それらをすべて吹き飛ばすほどの強烈な衝撃だった。

試合当日、自分の出番が近くなり、バックステージでパンプを始める。ここまでは日本の大会となんら変わりない。ところが、周りの選手を見て愕然とした。自分とは筋肉の大きさがまったく違うのだ。それも、来るところを間違えたのではないかと思うほどに違う。一瞬、目の前にいるのはジュニアではなく一般の選手たちなのではないかという思いが頭をよぎる。しかしながら、係員が整列させようと声を掛けるのを見ると、やはり自分と同じジュニアの選手らしい。優勝するという意気込みで挑んだ初めての国際大会だが、ステージに上がる前に完全に意気消沈してしまった。

どうしても腑に落ちないまま、完全に自分を見失ってしまったが、それでも僕の気持ちとは関係なく試合は進行していく。国際大会にありがちな猛烈な勢いで、あっという間に決勝まで進んだ。

結果は、惨敗といえる6位。行きの空港で見せた意気込みは、もろくも崩れ去り、肩を落として応援団の待つ場所へ戻った。

優しく迎えてくれる先輩たちに「自分はまだまだですね。日本に帰ったらもっとトレーニングを頑張ります…」と精いっぱいの声を絞り出すと、「あんなもん、ドーピングじゃろうが！　そんなもんに負けたこと気にするな！」と檄を飛ばされた。

それまで、ドーピングについてはまったく知識がなく、その存在も知らなかった。それが突然、薬物使用の実態を突き付けられて、これ以上ないほどに困惑し、そして混乱した。

トイレの床に小さなガラス瓶や注射器が散乱しているのを見て「これは一体、何だろう？」と思った。今ならそれがアンプルだとわかるが、何も知らない19歳のお坊ちゃんにはわからない。すると、先輩が「あれは全部ドラッグだ」と教えてくれた。純真無垢な僕は「え！　それってなんですか？」という調子。いくら外国人とはいえ、同じ歳の人間とは思えない体、筋肉の大きさに心底驚いたが、その実態を知るにつれ「海外のボディビルはこんなことになっているのか…」とひどく衝撃を受けた。そして同時に、行き場のない怒りが込み上げてきた。「そうか、こういう世界なんだ。ジュニアでこれって、一体何なんだよ！」というのが正直な感想だ。10代でも薬物に手を染めてしまうことに、いら立ちとショックを隠せなかった。

日本では皆、薬物の力を借りることなくナチュラルで頑張っているのに、海外ではボディビルに対する価値観や考え方が大きく異なる。勝利至上主義のヤツもいれば、文化的背景の違いもあろう。勝つことで一生、生活に困らないほどの報奨金がもらえる国もあるというが、それでも到底、理解できる範囲を超えている。

世界の実態を知ったことで、日本へ帰国した後はボディビルが嫌になった。やめたいとも思った。でも、トレーニングは大好きだし、やめるにやめられない。そしてこのときに僕は、絶対に生涯ナチュラルでトレーニングするという覚悟を決めた。

鈴木雅選手が2016年に世界選手権の男子ボディビル80キロ以下級で優勝したことで証明したように、日本のナチュラルボディビルのレベルは間違いなく世界一だ。堂々と胸を張って世界に誇れることである。日本という国に生まれた者の感覚なら当たり前である「アンチドーピング」の理念を、今後も徹底していく所存だ。若かりし日に抱いたドーピングに対する憤りや動揺、精神的打撃は今も変わらず僕の心の中にある。

そもそも、薬物を使ってまで筋肉をつける意味が、まるで理解できない。誰よりも大きな筋肉をつけたい、つくりたいと思いながら毎日トレーニングしているが、そこへ到達する過程、つまりトレーニングそのものが好きなのである。ねちっこく努力して、ウエイトが挙がらなくなっても全身の力を振り絞ることでなんとか挙げようとする。その先にある努力の結晶としての筋肉が欲しいのだ。毎日の鍛錬なくしてつけた筋肉が欲しいわけでも、自然の摂理を無視し、ズルをして大きな筋肉を得たいわけでもない。そうして得た筋肉にはなんの価値も感じない。

ボディビルという競技は、自分の力でどこまで筋肉をデカくして、どこまで脂肪を削ぎ落とすかという競技だと思う。それにもかかわらず、自分の力以外のものに頼り、それを体に入れるということは、競技自体の本質を変えてしまう。

絶対に薬なんかに頼ることなく、こいつらよりもデカくなってやる。ドーピングでは得ることのできない本物の筋肉を得てやろうじゃないか。そんな強い気持ちが湧き上がるのを感じた。実に生臭い現実を目の当たりにし、世界レベルのボディビルの洗礼を受けた初めての国際大会は、純粋な19歳のジュラシック木澤が生涯ナチュラルを貫く決意を固めるきっかけにもなった。

帰国後も、アジア選手権のステージの光景が頭に浮かんでは消えた。そのたびに「あいつらよりも絶対にナチュラルでデカくなってやる!」という強い気持ちが沸々と湧きたつ。そして、デカいヤツらの写真を、何度も見返した。

初めてのアジア選手権の遠征を経て、日本トップのナチュラルボディビルダーとの交流から多くの刺激をもらい、そして新たな情報もたくさん得たことで、ますますトレーニングに気合が入った。トレーニング熱は冷めることなく、上昇を続けた。

二度目の挑戦でジュニア日本一に
2回目のアジア選手権に挑んだ

露橋スポーツセンターの諸先輩に促され、半ば強制的に出場したボディビル大会。自分では「ボディビルダーになりたい」などという大それた思いを抱いたことは一度もない。自分の意思に関係なく出場が決まり、気づいたら大会に出場していたのが18歳のとき。その後、31年にわたる競技ボディビル人生の幕開けである。そして、日本代表としてアジア選手権に派遣されたことで、ボディビルダーとしての自覚も芽生え始めた。「ひょっとしたら、この競技は自分に向いているのかも」と感じ始め、いつの間にかボディビルダーのマインドに変化していた。

しかしながら今もあるのは、ボディビルダーであるというよりも、大好きなトレーニングを続ける延長線上にボディビル競技があるという感覚だ。大会ありきの考えではないため、大会に向けてトレーニングを変えることもない。もちろん選手として大会に向けて準備をしているのだが、その意識は、他の選手が持つ大会に向けた気持ちとは少し違うのではないかと思う。大会に出場しなかった時期もあるが、31年に及ぶ競技歴を通して、勝ちたいという強い思いで大会に臨んだことは、さほどない。あくまで「結果はついてくるもの」というようなスタンスだ。とにかくデカくなれたら、それでいい。

この頃にはバイブルとなる『月刊ボディビルディング』にも目を通すようになり、自分のなかでそれなりにボディビルの世界が広がりを見せ始めていた。ゲストポーザーというものも初めて見た。ボディビル競技にはあまり興味がなかったので、出場する以前に大会を観に行くこともなく、ゲストポーズというものも知らずにいた。初めて見たゲストは、地元である愛知県のトップビルダー・廣田俊彦選手だったと記憶している。廣田選手は1991年から3年連続で日本選手権3位に入賞しており、国際大会の常連でもある日本を代表するボディビルダーだ。バルク派ではないがプロポーションとコンディションに秀でた選手で、脚の深いカットに目が釘づけになった。「こんな選手もいるんだ！」と感銘を受けたことを覚えている。初めて見た生の日本トップビルダーの姿に、モチベーションがさらに爆上がりした。

アジア選手権でのいろいろな経験も踏まえ、トレーニングにますます力が入ったが、それに反比例して学業はおろそかになるばかり。その結果、留年して1年生からやり直すことになるが、心を入れ替えて学業に精を出すこともない。懲りずにトレーニング三昧、アルバイト三昧の大学生活を満喫した。

夏に向けて大会出場が近づいてくると、肌を焼き込むことも重要になる。そこで、夏になると毎日のように海水浴場へ行き、炎天下で日焼けした。肌が火照る状態のままジムへ行き、頭がガンガンと痛くなりながらもトレーニングに取り組んだ。

今では、肌をより黒く、そして艶やかに見せるカラーリングは、専門の業者に施術してもらうものだ。しかも、タイミングを早まると色落ちしてしまうため、大会の2日ほど前からコートを繰り返す。しかし、当時はまだプロタンが出たばかりである上に、カラーリングを施す業者など存在せず、すべてセルフで施していたので、大会の1週間も前からプロタンを塗って学校へ通っていた。着ているTシャツも、自慢のバギーパンツも、プロタンで茶色に着色された。顔にもプロタンを塗るので、茶色い汗をかくキモい学生だった。

この頃はまだ知識がなく、学生でお金もないので、サプリメントは一切摂らずにいた。トレーニング中に飲むのは水だけ。今なら、BCAAやアミノコンプレックスにクレアチン、CCD、ワークアウトドリンク系のカーボ類などを摂るのが常識だが、そうした知識は持ちあわせていない。とはいえ基本的には、食事をきちんととり、燃料を満タンにしておけば、1回のトレーニングで空になることはないと思う。ただ、もしかしたら若い頃のトレーニングは常識を逸した重量とボリュームで行っていたので、エネルギーは枯渇状態だったかもしれない。トレーニングの強度と粘りが尋常ではないから、約3時間に及ぶトレーニングの後半には意識朦朧となり、ただこなすだけのことも多かった。それでも、つらいトレーニングを乗り越えれば乗り越えた分だけ、のちに体感できる満足感と幸福感も大きく、病みつきになっていた。

1995年、僕は20歳になり、愛知県選手権のオーバーオール（一般の部）に出場して3位に入った。第12回世界・アジア日本代表選抜選手権（現・日本クラス別選手権）の80キロ以下級にも出場して6位。そして、2回目の挑戦となる日本ジュニア選手権では、ラストイヤーとなる20歳で、ついにジュニア日本一になれた。この優勝により、日本代表に2年連続で選出していただき、中国・重慶で開催されるアジア選手権への派遣が決まった。

この海外遠征で印象に残っているのが谷野義弘選手だ。谷野選手は11歳年上の先輩ボディビルダー。1991年に26歳で東京クラス別選手権70キロ以下級で優勝すると、翌年には日本選手権に初出場して、いきなりファイナリスト入りを果たしている（12位）。そして1993年には東日本選手権で優勝すると、ブロック大会ではダントツのレベルと選手層の厚さを誇る東京選手権のタイトルも獲得している。1994年にはジャパンオープンを制し、乗りに乗っているチャンピオンだ。そのときにはまだ知る由もないが、のちに日本選手権を2度も制する逸材である。ステージ上での目つきは尋常ではなく、獲物を狙う猛禽類のよう。ラットスプレッドポーズの大胸筋の盛り上がりとストリエーションの完成度は、生涯で見たボディビルダーでも1、2を争う。池袋にある西武百貨店のサプリメントショップで働くカリスマ店長としても有名だった。谷野選手との会話も、正直シビれた！　日本のトップに君臨する選手と過ごす時間というのは非常に貴重なもので、トレーニング以外のことも夜遅くまで聞いた覚えがある。ちなみに、このときの同部屋は、現在YouTubeで「山本先生」としておなじみの山本義徳選手。山本選手がJBBF（公益社団法人日本ボディビル・フィットネス連盟）に所属していた、懐かしい思い出だ。

2回目のアジア選手権は前年よりもひとつだけ順位を上げ、ジュニア男子ボディビル70キロ超級で5位。前年の経験を踏まえ、国際大会がどのようなものであるかを理解しての出場だったが、相変わらずのレベルというか、あまりにも大きさが違うことに半ば呆れた。「同じ土俵感」の薄れる大会は、ナチュラルでやり抜くことの大切さを再認識させた。

本気でプロを目指した競技
それはボディビルではなくゴルフ

2016年、IFBB世界選手権の男子ボディビル80キロ以下級で優勝した、日本ボディビル界のスーパースター・鈴木雅選手が「鈴木選手にとってボディビルディングとは何ですか?」という問いに対して「趣味です!」と即答する場面を、僕は何度も見ている。実に潔い答えで、胸がスカッとする。

鈴木選手も含めて、JBBFに所属していた僕らは皆、ボディビルの競技者ではあるがプロ選手ではない。日本のナチュラルボディビルを統括する最大組織であるJBBFには、残念ながらプロという概念がないこと、ボディビルに関して「プロ＝オリンピアなどに出場するような選手」はまったく別物のカテゴリーであり、これには深い大人の事情が絡むので、別の機会に述べたいと思う。鈴木選手をはじめとするJBBFの登録選手である僕らは皆、アマチュア選手なのだ。JBBFのなかでも例外として、健康体力研究所と専属アスリート契約を結んでいる合戸孝二選手は、プロ選手と同格の扱いである。

しかし、一般の選手である僕らには、生きていくための食い扶持を稼ぐ本業、すなわち仕事がある。トレーニングに関連した職種の選手もいれば、僕のように40代半ばまでトレーニングとはまったく無関係の肉体労働をしながら生活している選手もいるわけだ。

だから、もし僕が「あなたにとってボディビルディングとは何ですか?」と問われれば、鈴木選手と同じように「趣味です!」と答えるのが正しかった。しかし今では、トレーニングを基盤とした「パーソナルトレーナー」が僕の生業である。そこから派生したYouTubeでも一応利益が出ているし、自分のブランド「IRON NERVE」を立ち上げて、SNSを通じてグッズ販売もしている。こうなると、趣味の領域を超えているのは明らかだ。大会に出場して賞金稼ぎをしているわけではないので、セミプロとでも呼ぶべき立ち位置だろうか。いずれにしても、ジュラシックアカデミーのオーナーになる頃までは、ボディビル=趣味だった。

その僕が、唯一プロになりたいと熱望していた競技がある。それがゴルフだ。

確か、中学2年生の頃だと思う。父親からボロボロのお古のゴルフクラブセットを譲り受けた。そのセットのなかから、1本のサンドウェッジとたくさんの使い古しのボールを自転車のカゴに入れて、河川敷へ行く毎日。これが、僕のゴルフの始まり。中学生であることももちろんあるが、練習場には行けないし、コースにも出たことはない。週末の夜などに時々、父親に打ちっぱなしへ連れて行ってもらうこともあるが、基本は河川敷専門ゴルファーだ。今ではそういう公共の場所でのゴルフのボール打ちは大抵禁止されているが、その頃は河川敷も公園もにわかゴルファーで溢れ返る状態。コースに出たのは大学に入学した後、父親に連れられて行ったのが最初ではないだろうか。

授業が終わるとすぐに自転車を飛ばして、河川敷に急行する。到着すると、暗くてボールが見えなくなるまで打っていた。持参したボールをこちらからあちらへ全部打つと、今度はあちらからこちらへ打ち返すという具合で、これもまた時間の許す限り、続けた。

時には「朝練」と称して学校へ行く前に、早起きをして河川敷で散々ボールを打ってから登校していた。もちろん、中学ではテニス部でもありトレーニングも続けていたが、テニスのプロを目指していたわけではないし、ましてボディビルダーになりたくてトレーニングに励んでいたわけでもない。トレーニングは、単純に腕相撲で勝ちたい、腕を太くしたいという気持ちである。そもそも、ボディビルダー自体知らないのだから、プロなど想像もつかない。

しかしながら、ゴルフのプロというのはたくさんいて、テレビで試合の中継をしているし、ニュースにも頻繁に取り上げられる。実際に稼いでいることも理解していたので、将来はゴルフでプロになりたいという夢が膨らんでいた。

ゴルフにハマったのは、父親にある日「一緒にやってみるか?」と誘われて行ってみたら、たまたまそこで出た「超気持ちいい一発」がキッカケだ。何ともいえない爽快感があり、「これは面白い!」と、その感覚が忘れられなくなった。やってみると非常に面白く、飛距離アップにはトレーニングが有効ではないかと思い、ますます力が入った。中学、高校と、トレーニングも頑張り続けていたが、同時にゴルフも頑張る毎日。そして大学受験を迎えたとき、父親に「プロゴルファーを目指したい」と直訴したのである。

プロゴルファーを目指すといっても、いきなりなれるとはさすがに思わない。当時、日本大学が学生ゴルフで非常に強いと有名だったので「日本大学に進みたい」と父親に申し出ると、にべもなく却下された。

そこでいろいろと調べるうちに、ゴルフ場で働きながら研修生としてまずはキャディーになり、そこからプロを目指すという道があることが判明した。ところが、そのときは何の後ろ盾もなく、研修生として精進しながらプロを目指すことに対して勇気が湧かず、あと1歩が踏み出せなかった。

もし人生をやり直せるのなら、間違いなくこの瞬間に戻り、研修生になる道を選んでいるだろう。しかし、僕はボディビルを選んだ。その一方で、ゴルフも大好きで忘れられない。だからボディビルをしながら時々ゴルフをする。それ以降は、息抜きにゴルフをすることで我慢した。

やっていてとても楽しいのはゴルフ。根っからハマり、抜け出せないのはボディビル。趣味を円グラフで表すとしたら、9割がボディビルで1割がゴルフという感じだ。

性格的に何かを好きになると、とことん突き詰めたい派だ。何に対しても好奇心は旺盛だと思う。小さい頃なら電車だ。どういう原理で動くのか、どのように運転するのか、とにかく気になり仕方がない。ちなみに、今でも電車に乗ると運転席の後ろに立つことが多い。さすがに小学生のようにガッツリ運転席をのぞき込むことはしないが、何気なく見て見ない振りをしながら、横目で運転手さんの挙動を確認している。

何かにハマると、それについて研究するのは、子どもの頃からのクセなのだろう。ボディビルにハマり、どうすれば筋肉に最大のダメージを与えることができ、筋発達につなげられるのか。その研究には余念がなく、今も続いている。

大学を中退してトレーナーの専門学校へ同時にトレーニングの拠点も移す

結局、大学は2度留年することになり、3年間通学したものの2年生になることはなく中退した。公務員の父親は、このまま世の中に出るのはよくないだろうから何か資格を取れと言う。父親の兄、僕からすると伯父が理学療法士であることもあり、父親からは理学療法士に進む道を勧められた。父親にしてみれば、実の兄がそれで生計を立てて暮らしているのだから、安全で安定もしている職業であることは間違いないという理解だ。それに息子が一番好きな筋肉に関連した仕事でもある。とにかく、路頭に迷ってほしくないという思いから、手堅い職を勧めたのだろう。

とりあえず、伯父に電話をしてどういうものなのかを聞くことにした。しかしながら、自分にはどうしても理学療法士をして働く姿が思い描けずにいた。すると、父親がそれを察したのか「理学療法士は無理か。それなら、お前はとにかくトレーニングが好きなんだから、人に教えられるトレーナーとしての資格が取れるようなところへ行くのはどうだ?」と提案してくれた。なんて素晴らしい思いつきだ! それだ! そこへ行けばトレーニングが仕事になる! というほどうまくはいかないのだが、いずれにしてもトレーナー養成の専門学校への道を選択した。

進学先は「日本ダンス&スポーツ学院」である。カリキュラムを全うする2年間、21歳から23歳までの期間、きちんとお世話になった。では、父親の望んでいた、人にトレーニングを教えるトレーナーとしての資格が取得できたかというと、答えはNOだ。その当時、現在のようにパーソナルトレーナーという職業は一般的ではなく、世間もそういうものを求めてはいない時代。今ならNSCAやNESTAなどさまざまな資格が存在しているが、当時も存在したのかもしれないが、少なくとも積極的に取得しようという機運はなかった。現在でもパーソナルトレーナーとして働くのに資格は必須ではないが、当時も同じである。

専門学校には2年間通学したのだが、解剖学や生理学、運動理論などの難しい勉強をした記憶がない。大学の頃と同様に、僕が授業中に上の空だったというだけなのかもしれないが、ここで資格を取得した学生はいないと思う。しかも、この専門学校は、僕らが最後の卒業生となり消滅した。

専門学校へ通学している期間に、トレーニング場所を露橋スポーツセンターから別のジムへ変えた。僕がトレーニングを始めたのは中学のとき、ふたつ上にたくましくてカッコいいK先輩がいたから。その先輩のような太い腕になりたくて、腕トレを始めたようなものだ。

中学1年生のあるとき、僕が鍛えていることを誰かから聞きつけた先輩が僕を訪ねてきた。ちょっと尖っている感じの先輩に「お前が木澤か？」と声を掛けられたときには、正直チビリそうになる。そんな僕の気持ちは無視して、いきなり「腕相撲やってみるか？」とタイマン勝負を申し込んできた。「い、いいですよ！」と虚勢を張りながら受けて立つと、想像通りに強い。でも、悔しさよりも「スゲェな！」という憧れが強くなる。勝負には負けたが、いくらかは力が強いと認めてくれたのか、これを機に先輩からすごく可愛がってもらうようになる。しかしながら、中高一貫校であるにもかかわらず、受験して別の高校へ進学したことで、先輩とも離れ離れになった。

それが、高校に入学した後に通い始めた枇杷島スポーツセンターで再会したのだ！　トレーニング好きの先輩も、たまにここへ来ていたらしい。「おお、久し振りじゃん！」という感じで、それ以降、時々一緒にトレーニングするようになった。すると、ある日先輩から「俺、別のジムがメインなんだよ。設備ももっときちんとしているいいところだから、大祐も1回ビジターで来てみろよ！」と誘われた。そして訪ねたのがXYZスポーツクラブである。XYZと書いて「エクサイズ」と読む。高校に在学中の18歳の時のことだ。

エクサイズ・スポーツクラブはプールなども備えたスポーツジムで、結構ハードにトレーニングする人も多く在籍する。また、ここはチャック・ウイルソン・エンタープライズ監修の施設で、空気圧で作動するカイザーという最先端のマシンなどもそろえており、設備はかなり充実していた。チャック・ウイルソンとは、東京・麻布台に居を構えていたクラークハッチ健康管理センターの共同経営者であり、日本にエアロビクスを紹介した人物として知られている。それよりも、流暢な日本語を操る外国人タレント、いわゆる「外タレ」として引っ張りだこで、弁護士でタレント活動もしていたケント・ギルバートなどと並ぶお茶の間の人気者だ。そのエクサイズ・スポーツクラブに先輩が通っていたので、その後も何度か先輩を訪ねてトレーニングに通うようになる。

高校を卒業し、露橋スポーツセンターに通い始めた。そこでは、補助だけに来てくれる人がいて、かなり成長できた。しかし、その人はさまざまな理由から補助を離れてしまい、再びひとりでトレーニングをしていた。とにかく限界まで追い込みたい僕は、密かにトレーニングパートナーを探していた。そんなとき、先輩にパートナーとして一緒にトレーニングできないか相談すると、ふたつ返事で応えてくれた。そこで、設備も充実していて先輩も会員となっているエクサイズ・スポーツクラブでトレーニングをすることにしたのだ。

僕のトレーニングに対するポリシーは、「アップ以外のセットはすべて精神の限界まで追い込む」こと。これが絶対的なルール。苦しいときもあるし、ケガをするリスクもある。けれども、それで筋発達するのなら構わない。とにかく、追い込むことに関して妥協しないことが重要なのだ。その日のトレーニングが終わった後に、「あのセットはまだできたのではないか？」と思えるようなものがあったとしたら、その日のトレーニングはすべて台無しになる。そうならないように毎回取り組んでいるのだ。そのためにも、限界を超える手段としてトレーニングパートナーが必要だった。

この頃のトレーニングは、追い込みに懸ける情熱がものすごく、ほとんど毎回、補助がつぶれるまでフォーストレップを敢行した。フォーストレップとは、自力の限界を迎えたら補助者が力添えをして、自力では挙げられないものを「フォースト（Ｆｏｒｃｅｄ）＝無理強《じ》い」して、回数を稼ぐ方法だ。普通だと補助は２～３回程度手助けして終えるが、その頃の僕は、補助者が限界になるまでフォーストしてもらっていた。精神的な限界を越えようともがいていた時代だ。

吐くのが当たり前の脚トレと たんぱく質重視の食事で大幅な筋量増に成功

18歳の夏に初めて大会に出場するまで、脚トレをしていないことは記した。必要性を感じてからは他の部位と同様、というよりもむしろ遅れを取り戻そうと他の部位以上に取り組んだ。限界まで追い込むのはどの部位も同じなので、脚トレも例外なく追い込んだ。ただ、脚トレはトレーニングをしている人なら誰でも経験があるだろうが、キツい。毎回確実に吐いた。吐くのは自分だけでなく、5回に1回くらいの割合でパートナーも吐いた。

露橋スポーツセンターには45度のレッグプレスマシンがないので、とにかくスクワットをやり込んだ。補助をつけ、補助者と一緒にスクワットをする。補助は必ずふたりいて、ひとりの補助がつぶれたら、もうひとりの補助と入れ替わってスクワットを続けるという「補助つきスクワット法」だ。とにかく上半身のバルクに追いつくだけの筋量を確保しなければならないので、セットが終わるたびにトイレに駆け込みながらも、20セットほど実施していた。その頃は、腰への負担にまで考えが及ばず、足幅はかなりのナロースタンス。結果として腰はパンパンになり、しゃがみも非常に不安定で、グラグラしながら動作していた記憶がある。今思い出しても、とても危なっかしいスクワットだ。今の自分がそこにいたら、絶対にやらせないだろう。

この頃は、スクワットに対してあまりにも感情が入り過ぎてしまい、うまくいかないとパワーラックを蹴飛ばして当たり散らしていた。そんな僕を見るに見かねて、補助をしてくださる先輩方からマジのお叱りを受けていた。ああ、恥ずかしい。僕がそこにいたら頭を引っぱたいているところだ。しかしながら、最初は100キロで不安定なスクワットしかできなかったのが、1年後には180キロで安定したフルスクワットができるように進化した。そして大腿部は10センチも太くなった。

脚トレを始めたことで、仕上がり体重も増えた。20歳のときに日本ジュニア選手権で優勝した頃には、初めて大会に出た頃に比べると10キロ近く増えたのではないだろうか。今とは絞りの次元が違うので一概に比べることはできないが、78キロくらいで出場していたから、ジュラシック木澤の8分目くらいまでの基本的なバルクは、この2年間でついたといっても過言ではない。

その後、さらなるバルクや筋密度を身につけることで、ナチュラルボディビルダーとしての体が完成していく。日本クラス別選手権で90キロ以下級に出場したことがあるが、これは例外として、ベストな状態で出場していた85キロ以下級が自分の適性クラスだといえる。つまり、最終的には約7キロの筋量を増やしたことになる。筋トレを始めたばかりの若いときに10キロほど筋量が増えているから、ナチュラルで生涯トレーニングを継続してもこのくらいが成長の限界という証でもある。20歳の頃に10キロ近く仕上がり体重が増え、オフには100キロに到達するまで体重を増やせたのは、精神の限界まで追い込むハードなトレーニングの存在が挙げられる。体を成長させる刺激をしっかり与えた上で、栄養補給も充実させられたのもあるだろう。

食事が大きく影響していることは否めない。ただし、ここで気をつけてもらいたいのは、食べるだけ食べれば体重は増えるかもしれないが、筋肉は大きくならないという点だ。

大会に出場した31年間のなかで、カロリー計算はほとんどしたことがない。引退前の4年間だけ、栄養指導のスペシャリストであるＫＥＮＴＯくんの指導を仰ぐようになり、カロリー計算を取り入れたが、自分ひとりで減量していた期間は基本、したことがない。オフには、中華料理屋でアルバイトをしていたこともあり、油ものも気にせず回鍋肉飯や天津飯、五目焼きそばなど、何でも食べていた。基本的な食事は１日５～６回で、１回に２人前の食事を食べていた。タイミング的には３～４時間に一度ということになる。カロリー計算やＰＦＣバランスは考えたことがないが、たんぱく質は多く摂るように心がけていた。

基本的な体をつくったこの時期には、１日に全卵を10個、１食あたり3個程度に醤油をたらして飲んでいた。この話をするとロッキーのようだと言われるが、スタローンに憧れながらロッキーは一度も観たことがない（笑）。また、たんぱく質も大事にしていたが、最低2時間、長いときには4時間かかるトレーニングを乗り切るエネルギーという観点から、炭水化物の摂取も重視していた。減量を開始しても、〝この頃は〟炭水化物は控えずに摂取していた。たんぱく質に関しては脂質の少ないササミ、ツナ缶に加えて、ゆで卵の白身だけを1日に26個分食べていた。プロテインはほとんど飲んでいないが、発売されたばかりのアミノ酸の錠剤を飲んでいた。１粒に２３００ミリグラム含有されていて、トレーニング前に3錠、トレーニング後に7錠、就寝前に5錠。加えて、水を１日5リットルは飲んでいたと思う。これは新陳代謝を高めるのに役立っていたのではないだろうか。

日本ジュニア選手権で優勝した翌年、21歳のときにエクサイズ・スポーツクラブで先輩とパートナーを組んでトレーニングしていた頃のシーズン中の食事はこんな感じだ。朝7時半に食パン2枚、ササミ4切れとゆで卵の白身6個分とマルチビタミン。13時に昼食として白米をどんぶり1杯にツナ3缶。トレ前の15時に白米どんぶり1杯、ツナ2～3缶、ゆで卵の白身5個、アミノ酸。トレ後の18時にも同じく白米どんぶり1杯、ツナ2～3缶、ゆで卵の白身5個、アミノ酸。22時に白米どんぶり1杯、ササミ8切れ、ゆで卵の白身5個、アミノ酸。そして24時に白米どんぶり1杯、ツナ2～3缶。さらには翌日に落ち着いて寝ていられる場合には、26時に白米どんぶり1杯、ツナ2～3缶、アミノ酸。ざっくり計算して1日あたり3500～4000キロカロリー程度、タンパク質は400グラム近く摂取していた。この頃のオフの体重が97キロくらいなので、体重1キロあたり4グラム以上だ。今思えば摂りすぎかもしれないし、成長期ならちょうどいいくらいかもしれない。

いずれにしても、このような食事を続けて、上腕囲はオフで48センチ、大会出場時でも45センチまで成長を遂げた。実家暮らしであり、日本代表に選出されて以降、ボディビルを理解してくれた母親が食事についても協力してくれるように変化したことが大きい。食事も大切だが、成長の鍵となる厳しいトレーニングが筋肥大には必須で、その点では露橋スポーツセンターでつきっきりで補助してくれた先輩ビルダー、パートナーとして尽力してくださった先輩の助けも大きい。決して、ひとりで大きくなれたわけではないのだ。

第一印象は最悪でも、その実力に心酔した柏木三樹トレーナーとの出会い

先輩と一緒にエクサイズ・スポーツクラブでトレーニングしているときに、エクサイズ・トレーニングスタジアムのオーナーである柏木三樹トレーナーと会う機会に恵まれた。その頃、柏木さんは現エクサイズ・トレーニングスタジアムの前身であるエクサイズ・スポーツクラブのチーフトレーナーとして働いていた。ややこしいのでここからはエクサイズ・スポーツクラブ＝元エクサイズと表記しよう。

そのとき、僕はまだ18歳だが、既に愛知県選手権新人の部で準優勝しているし、体にはかなり自信を持っていた。どこでも「すごい体をしているね！」などと持ち上げられ、有頂天でいくらか鼻が伸びていた。ところが、初対面の柏木さんは、僕を見るといきなり「随分左右差があるね」とか「脚、全然やっていないじゃん」「バランス悪いなあ」などと、ボロクソに指摘してきた。カチンときたが、指摘がどれも的確なので反論できない。結果、黙るのだが、柏木さんの印象は「なんか感じの悪い人！」しかない。僕の伸びた鼻が、大きな音を立てて折られた瞬間である。そして案の定、柏木さんの目に僕はかなりふてぶてしく映っていたらしい。

決して印象のよくない出会い方をしたのだが、柏木さんは嫌味で言っているのではなく事実を指摘してい

た。事実を見抜くその眼力がものすごいのだと後々理解できたので、印象は180度転換した。

元エクサイズへ行き始めたばかりの頃、先輩が来なくてひとりで背中のトレーニングをしたことがある。その頃、背中はチンニングしか知らず、動けなくなるまで2時間近くしていたと思う。柏木さんが補助についてくれたので「もっとゆっくり！」などとお願い（？）しながら、自力では上がらないチンニングを助けてもらう。そんなことをしながら柏木さんは、補助のバランスを調整することで僕の左右の筋力差を改善してくれたり、自身が実践してみて良いと思うことを僕にやらせてみたりした。

僕は、基本的にトレーニングを始めた頃から長年、我流で通している。特に教えてくれる人もいないし、教わることもなく自分で工夫して、トレーニングを自分のものにしてきた。要は難しい理論など持ちあわせていない。それがいい結果を生んだと思うのだが、柏木さんの教えてくれることが素直に受け止められ、スッと理解できた。柏木さんが僕の性格をも深読みし、「実践、体現することで理解させる」というプロセスを踏んだのもあるのだろう。それまでは「自ら探り出した『自分には当たり前』のもの」が「世間一般的ではなく『テクニック』と呼ばれるもの」だと知ったときには、かなり驚いた。

僕の長いトレーニング歴のなかで、師として仰ぐような人物はいない。もしいるとしたら、柏木さんが唯一の師だ。今にして思えば、身につけたトレーニングに関する知識のほとんどは、柏木さんから学んだ。しかも、それは口伝えやレクチャーを受けたのではなく、ほとんどが実践形式で体感して得たものばかりだ。雑誌によく掲載されている極秘テクニックや裏技といわれるようなものも、自分では当たり前にできているようなことばかりで、それらの多くは自分の経験や柏木さんに教えていただいたものである。

トレーニングする上で大切なのは、いくら勉強して頭で理解していても、体で再現できなければ役に立たないということ。僕はモノマネ上手、特に動きのモノマネが上手になれば、トレーニングはかなりうまくなると考えている。

そうして柏木トレーナーとの付き合いは、長きに渡り続いていくのだが、僕が得た一番の収穫は「休養の重要性」と「効かせるトレーニング」に関することだろう。

柏木さんが基本としているのは、トレーニングや栄養、休養の基本は当然として、それらはさておき、まずは「負荷を逃さないこと」。加えて「精神の限界ではなく筋肉の限界まで追い込むこと」「ケガを避けること」、そして「体質・体型を考慮すること」である。そのひとつひとつを説明しようとすると本が1冊でき上がるので、ここでは割愛するが、前述した「休養の重要性」と「効かせるトレーニング」に関することは、どちらも「ケガを避けること」に関連した部分だ。

ある時期から限界まで追い込む激しいトレーニングを、全身を6分割して5周したら丸々1週間休むというサイクルを組んでいた。この方法を勧めてくれたのが柏木さんだ。柏木さんから受けた数々のアドバイスのなかで、最も抵抗があるけれども、最も効果のあるものだ。やると決めたトレーニングはどんなことがあっても絶対に休まない僕を、柏木さんは長い時間をかけて説得し、僕はそれを受け入れた。きっと柏木さんもかなり苦労されたと思う（笑）。

それまでは1週間もトレーニングを休むなんて、怖くてとてもできなかった。試しに勇気を出して1週間休んでみると、休み明けのみなぎるようなパワーに驚愕したことを覚えている。ただ、その1週間で心肺機能が落ちるので休み明けのトレーニングでは疲労感や呼吸の乱れ、さらには翌日に襲われる筋肉痛の激しさに悩まされた。しかしながら十分な休息により、取り返しのつかない関節の損傷や、精神的な疲労の蓄積を除去できるという素晴らしい効果が体感できた。トレーニング好きなら、1週間も休むとトレーニングが早くやりたくてウズウズする。そして休み明けには疲れも取れているのでパワーが爆発して非常に良い結果をもたらしてくれることは間違いない。ぜひ試してみてほしい。

僕の考えの根底には「高重量を扱うこと＝最大の刺激＝筋肥大への最大効果」という公式があるので、正直なところ、高重量から効かせるトレーニングにすることは逆行する感覚があり、非常に強い抵抗を感じた。けれどもその効果が体感できると、むしろそれがやみつきになり、重量にあまり関心がなくなることもあった。そしてその後は「効かせながら重量を伸ばす」という最強のハイブリッド法を身につけることとなる。これはすべて柏木さんによる助言、それも僕の体や性格を見抜いた上でのアドバイスによる賜物といえる。

口先だけで、上司風や先輩風を吹かせて接してこられたなら、まず受けつけなかっただろう。しかし、自身で体験あるいは実践したことをやらせて、納得させるという手法に魅了され、心酔した。そしてこの後も、選手として苦悩する僕の側について一緒に戦ってくれる大切なトレーナーになるとは、このときは微塵も感じていなかった。

就職活動の末に所属ジムへ入社
減量が嫌でボディビルからは卒業

専門学校を卒業する時期になると、就職活動が始まる。その頃、ジムでトレーニングしていると、会社員と思しき大人がよく「今のうちだけだぞ、そんなにトレーニングできるのは。社会に出たらできないぞ！」と話しかけてきた。そんな言葉を聞きながら「じゃあどうしてこのオッサンとは毎日ジムで会うんだろう？」と不思議に感じたものだ。

しかしながら、オッサンの言葉に「社会人になってもトレーニングを続けられるだろうか？」という一抹の不安を感じながら、就職活動を始めた。当時、利用していたエクサイズ・スポーツクラブとは別のスポーツクラブなどで面接を受けたが、その頃の自分はなかなかに無愛想で、とても面接に受かるような人間ではない。ふてぶてしい表情に体だけはデカく、とにかく第一印象が悪いから、対人での接客が重要なスポーツクラブでは雇われる要素がない。

何社も断られて行き場をなくした僕は最終的に、毎日トレーニングをしているエクサイズ・スポーツクラブに就職することとなる。当初は、自分がトレーニングをしているところで働くことに抵抗を感じたものの、どこにも行く当てのない自分を採用してくれたエクサイズ・スポーツクラブには感謝しかない。というわけで、あの柏木トレーナーの下で働くこととなった。

毎日利用しているジムへの就職は、トレーニング環境が変わらないどころか、トレーニングする場が仕事場になるという非常にありがたいものだ。大好きなトレーニングを通して仕事に就けたこと、移動時間なくしてそのままトレーニングができることなど、非常に充実した選択である。こうして僕は、お気楽な学生生活から、責任ある社会人への道を歩み始めた。

しかし、何カ月か働いてみると、エクサイズ・スポーツクラブでの業務というものが、どうにも自分が思い描いていた仕事内容とはかけ離れていることに気づき始めた。自分は単なるスポーツクラブの従業員で、ストレングスコーチやどこかのチームの監督などという立場で働いているわけではない。その業務内容は、初心者の女性やお年を召した方に器具の取り扱いを説明するというような接客業務がメインだ。スタジオレッスンのインストラクターや、時にはベンチプレスやスクワットの補助をすることもあるが、自分が今まで取り組んできたトレーニングが活かされる場面がまったくないのだ。

仕事は楽しいのだが、自分が培ったトレーニングの知識や経験はほとんど出番がない。当時のスポーツクラブでの収入は手取りで15万円ほど。残業もほぼないので、毎月ひたすら15万円が口座に入るという状況だ。勤め先の先輩方を見ていても、昇給する要素は一切見いだせず、精いっぱい働きながらも先の見えない不安な日々を過ごしていた。

ことボディビル競技に関しては、減量に嫌気がさして「大会はもういいや」という気分になり、周囲にも

「もう僕は大会には出ません」と宣言していた。

自分がトレーニングをしている目的は、ナチュラルで大きな筋肉をつけること。たくましい漢になることだ。大会に出たくてトレーニングしているわけではない。しかも、大会に出るには減量しないとならないが、減量方法をまったく理解していないので、とにかく減量が嫌いになったのだ。

まず、力が出ない。トレーニングのときには思い切り力を出したいのに、それができないのである。それだけならまだしも、苦労してつけた筋肉がヘタクソな減量によりどんどん削ぎ落とされていく。もう、それが耐えられないのだ。「俺は体をデカくしたいのに、何でこんなことをしなきゃならないんだ！」という気持ちが大きくなり「大会は卒業！」と決断した。トレーニングは大好きなので継続するが「大会はもうたくさんだ！」という気持ちである。若い人間は、失敗から学んで「次は成功させよう！」という思考回路を持つものだが、そのときの自分は「もうやめちまえ！」だった。

バイブルとしてあれほど読み込んでいた『月刊ボディビルディング』も、この2~3年間はまったく目をやることもなく過ごした。だからその当時は、どのような選手が活躍しているかもしらないし、興味がなかった。自分のなかで、ボディビルという競技は完全に終わりを告げていた。

大会にはもう出場しないと決めていたが、エクサイズ・スポーツクラブが愛知県ボディビル・フィットネス連盟の公認ジムであることから同連盟の理事となり、大会では選手誘導や、時には入場券のもぎりなど、裏方として大会運営には参加していた。このボランティア活動は愛知県連盟の前理事長であり、僕が露橋スポーツセンターでお世話になっていた井村博一さんの「選手が勘違いをしないように」という教えでもある。大会を支えるボランティアがいるお陰で大会が成り立つことを忘れてはいけないと、選手や理事たちにボランティアをさせているのだ。

実際、僕は20歳で愛知県選手権一般の部で3位になったときに、大嫌いなはずの「謙虚さのない競技者」が自我に芽生えたのを感じている。しかしその後は大会には出ないと決め、選手ではなくなっていたので、そんな気持ちも雲散霧消していた。

バックステージで働いていると、井村理事長が近づいてきて「大祐は大会に出ないのか?」と毎回のように聞いてきた。大会に出場する気など微塵もないのだが「まだちょっと…」などとお茶を濁していた。ただ、大会当日には選手を間近で見ることになる。トレーニングはガンガンにしていたので、優勝した選手を横目で見ながら「俺のほうがデカいな。よしよし」などと思いながら手伝いをしていた。

減量をしたくないので大会には一切目を向けることもなく、2~3年ほど運営のボランティアだけをして選手を見続けただろうか。裏方として手伝いをしているうちに「俺はなぜトレーニングを頑張っているのだろう?」という実に素朴な疑問が湧き上がってきた。そんなふうに思い始めている僕の気持ちも知らずに、周囲の先輩方は相変わらず「お前はいつになったら大会に出るんだ?」と声をかけてくる。それが追い討ちとなり、いつの頃からか、ステージ裏で選手に出番の声をかけながら「俺はここで何をしているんだろう?

選手の誘導なんてしていないで、俺もステージに上がるべきだ!」という気持ちに変化していた。

ボディビル競技復帰も最悪の減量で惨敗 さらに3年間の沈黙を経て東海を制する

20歳の夏に出場した大会で減量が嫌いになり、ボディビル競技からの卒業を決めたが、大会の運営を手伝ううちに、また大会に出てみようという気持ちが芽生えた。社会人生活が始まったこともあり、心機一転、1998年（23歳）の夏に中部日本選手権に出場を決めた。日本ジュニア選手権で優勝して2度目のアジア選手権に出場、そして愛知県選手権オーバーオールで3位になって以来の大会復帰だ。

とにかく減量が嫌で大会に出るのをやめたので、今回は画期的な減量法に挑戦してみようと、試したことのない減量法に取り組んだ。そして、その減量法が最悪だった。今にして思うと、なぜこんな減量をしたのか、自分でも理解に苦しむ。

何でも我流で推し進めるタイプの僕がそのときに試したのは、なんと当時では最先端の「ゼロカーボ減量法」。タンパク源はソイプロテインのみで、空腹を満たすためにサラダは食べるが、カーボ＝炭水化物＝ご飯などの主食は一切口にしない。

ところが、ゼロカーボダイエットは、正直まったく効果なし。それどころか、絞れてもいないのに筋肉はどんどん小さくなっていくばかりだ。体重だけは減り、そして力は出ない。そんな減量を3カ月近く続けた。

その結果、落としたい脂肪分は落ち切らず、逆に落としたくない筋量はガタ落ち。予選落ちという最悪の結末だけは免れたが、決勝へ駒を進めることはできずに惨敗した。

しかしながら、この失敗により、減量嫌いが再発して完全に戦線離脱するという事態にはならずに済んだ。むしろ、次に出場するときは絶対に優勝できる体で復活したいという熱い思いが、胸のうちに生まれるのを感じられた。とはいえ、ここからが試練である。ゼロカーボダイエットという馬鹿げた減量が原因で相当の筋肉を失ってしまったからだ。失った筋肉を取り戻すには、丸々3年を必要とした。そして2001年、26歳のときに再び大会復帰を決めた。

1998年の中部日本選手権では完全に外しているので、今回は絶対に優勝したいという気持ちで取り組んだ。愛知県内のタイトルを獲得していないことから、出場するのは7月1日に開催される名古屋市オープン選手権にした。エントリーを済ませてしばらくすると、出場選手名簿が公表される。すると、それを見た人たちから「久しぶりに木澤が出場するぞ！」と噂が広がり始め、「木澤が出れば優勝に決まってるだろ！」という雰囲気が漂うのを自分でも感じられた。もちろん、ゼロカーボ減量などという無謀なものには手を出さず、手堅い減量法で順調に仕上げた。準備は万端。とにかくこの大会で優勝して、勢いをつけたいと強い思いで臨んだ。「余裕で優勝でしょ⁉」と息巻いていたのを今でも覚えている。

準備万端＋自信満々で出場したが、過剰な自信は過信へと変化していた。頭角を表していた浅野喜久男選手（2018年ジャパンオープン優勝）に負け、結果は2位。優勝しかないと意気込んで臨んだ末のこの結果に、相当へこんだ。その一方で、この結果に心の奥底に封印していた闘志に完全に火がついた。決してヤケになるのではなく、全身に力がみなぎり奮い立つ感覚だ。

今振り返れば、ここで負けて良かったと思う。ここで勝利していたら、日本ジュニア選手権で優勝した頃と同じように、ボディビルを舐めてかかる心、慢心が生まれていただろう。

戦闘モードに切り替わった5週間後、8月5日にはジャパンオープンに出場した。ジャパンオープンは全国から選手が出場し、オーバーオールで優劣を競う大会だ。レベル的には日本選手権や日本クラス別選手権に準じる。全国区での自分の立ち位置を知るには最適だが、いまだ愛知県内のタイトルも確保しておらず、当然ながらその上のブロック大会でも成績を残していないので、まったく未知の世界。全国区の大会に出場するのは1995年、20歳のときに出場した第12回世界アジア日本代表選抜選手権80キロ以下級に出場して6位に入賞して以来になる。クラス別ではない全国区の大会に初出場した結果は、非常に微妙な9位という成績に終わる。

さらにその2週間後、8月19日に行われた中部地区のブロック大会である東海選手権にも出場した。おわかりの方もいるかもしれないが、この大会の旧名は中部日本選手権という。そう、3年前にゼロカーボ減量法で惨敗した大会だ。このときの敗退により、また大会で優勝したいという闘志に火がついた。気持ちは翌年にでもすぐに出場したかったのだが、ゼロカーボ減量法の傷跡は予想以上に大きかった。仕方なく、その後の3年間は筋量を取り戻すことに専念してトレーニングに励んできたのだ。

その甲斐もあり、この東海選手権で念願の一般カテゴリーにおける初優勝を遂げることができた。この大会で浅野選手は3位。ちなみに、同日に開催された愛知県選手権で浅野選手は優勝している。もし出場していたら、大会出場歴31年でついに保持することのできなかった愛知県タイトルが獲れていたかもしれない。一極集中タイプの僕はこの日、東海選手権だけに照準を合わせており、愛知選手権にはエントリーしていなかった。そして都道府県大会の愛知選手権よりも上にあたるブロック大会の東海選手権を奪取してしまい、その後、愛知県選手権に出場することはなくなった。愛知県民としては、どこかで県のタイトルも確保しておくべきだっただろうか。

いずれにしても東海選手権での優勝は、本当の意味でボディビルダー・木澤大祐が復活した大きなターニングポイントだと感じている。日本ジュニア選手権で勝ち、アジア選手権に出場したのは、年齢枠があるなかでの戦いにすぎず、自分の力で勝ち取ったものだという実感はない。年齢制限のない一般カテゴリーの大会で勝てたことが大きな自信につながり、さらに上を目指す原動力となった。

今振り返ると、この6年間は本当にもったいないことをしたと思う。一番伸び盛りである20代前半を「減量嫌い」が原因でまるまる棒に振った。しかも、復帰しようとした中部日本選手権ではバカな減量法を試したばかりに、それまでの鍛錬で大きくした筋肉をもっていかれてしまった。なくした筋肉のダメージは深刻で、戻すのに多くの時間がかかった。しかし、これも自分で撒いた種。誰に強制されたことでもない。

撒いた種を刈り取るのは、自分しかいないのだ。

突然の職場閉鎖を受け新生エクサイズをオープン

東海選手権で優勝したその夏、仕事場では大変な局面を迎えていた。

働いていたエクサイズ・スポーツクラブは、個人がオーナーのいわゆる親族経営会社で系列の別店舗などはなく、下支えする親会社も、母体となる企業グループもない。そのオーナーに財産分与の話が持ち上がり、ジムが建つ土地を手放さなくてはならないというのだ。

3月にマネージャーからその話を伝えられた。そして迎えた夏には、時を置かずして閉館することが決定した。半年程度前の告知でのジム閉鎖は、まさに青天の霹靂。オーナーは自分が所有する土地にたまたまジムが建っていたので運営していたにすぎない。別の土地を確保し、移転してまでジムを継続するという意思も計画もなく、あくまで閉館するという。それはすなわち、閉館に伴い、僕らも仕事を失うということだ。会員さんたちも動揺していたが、従業員である僕らはただただ愕然とするしかなかった。

そのときに、ただ茫然自失となり立ちすくむだけなく、1歩前へ踏み出したのが柏木三樹チーフトレーナーだ。「木澤、俺と○○さんと3人で新しくジムを立ち上げないか?」と天地が逆転するような提案をしてきたのだ。職場が消滅することに直面した柏木チーフは、オーナーと退職金などに関して直談判したらしい。

するとオーナーは、現金で多く支払えない代わりに、ジムにあるマシン類をすべて譲ることを提案してきたのだという。

普通、多くの会員を抱えるようなジムをゼロから立ち上げるとなると、マシンの導入には少なくとも1000万円くらいの資金が必要になる。マシン類はジムの心臓部なので、これは致し方ない。ところが、マシン類がタダでもらえるのなら、場所を確保すればすぐにでも開業が可能だ。加えて、新規のジムでは会員の確保も課題となるが、エクサイズ・スポーツクラブが閉館することで行き場を失う既存会員の方々が「新しいジムができるならそっちへ行くよ！」と約束してくれた。

つまり、エクサイズ・スポーツジムが自分たちのものになるだけでなく、僕も共同経営者として経営に参加するというわけだ。これはかなり素晴らしいことなのではないか——社会の厳しさを知らない若者には、突然の閉館宣言がとてつもない好機にも感じられた。

まずは新生エクサイズのオープンに先駆けて、資金調達が必須となる。今までの会員数などを基にした売り上げ見込みなどを土台にして、金融公庫に融資を受けることに成功した。次に、場所を探して不動産会社と交渉する。資金に限りがある我々3人に大盤振る舞いはできないので、それほどの好立地は望めない。しかし、ジムをやるからには、ある程度の広さが必要だ。すると、それらの条件を満たす貸し倉庫が同じ天白区内に見つかる。高級住宅地でもあり、なかなか静かな良い場所だ。

場所が決まるとオープンの準備を始めた。空き倉庫を借りただけなので、自分たちで大きな鉄製のドアにペンキを塗り、エアロビスタジオやマシンおよびフリーウエイトのトレーニング設備を置ける2階部分を増築して改装を施した。短い準備期間は、何だか真新しいキャンバスに自分たち3人の夢を描いているような気分だ。現在のエクサイズがある場所は、僕らが二十数年前に移設した場所と変わらない。エクサイズの柱や天井に塗られたペンキは、その昔に僕が作業したものだ。

XYZと書いてエクサイズと読ませる。これはカクテルのエックス・ワイ・ジーとエクササイズをかけた造語だ。カクテル同様に「もうこれ以上はない」「究極の」という意味を指している。「スポーツクラブ」から「トレーニング・スタジアム」に変更したのは、マシンを囲んだ競技場のようなトレーニングジムの形状を表している。そして、運動全般＝エクササイズにおける究極のジムとしての存在を意味しているネーミングなのだ。

2001年9月末にエクサイズ・スポーツクラブが閉鎖して、そのわずか2カ月後の12月7日、新生XYZトレーニング・スタジアムは産声を上げた。

しかしながらその船出は、静かな水面に漕ぎ出すというよりは、荒れる大海原に泥舟で漕ぎ出すのに近いものだった。資金面の問題などからプール施設をなくしたことも影響していたのかもしれないが、移籍をあれほど約束していた会員さんたちがまったく姿を現さないのだ。一緒にトレーニングもしていただけに仲間意識が強く、家族同然のような人たちが来ないことに、人間不信に陥りかけた。

毎日のように3人で「お客さん、来ないね…」とつぶやいていた。会員さんが来ないということは、給料が出ないということだ。来てくれる会員さんが少しはいたとしても、今とは違いパーソナルで指導を受ける人はいない。しかもまぬけなことに、最初のうちは移籍キャンペーンと称して入会金なども安売りしてしまっていたので、すぐに資金繰りが怪しくなった。

家賃や光熱費などの固定費は、毎月のように請求書がくる。そもそもこのジムをオープンするにあたり、金融公庫からも資金を借り入れていたし、3人が個人的に持ち出しもしてオープンに漕ぎ着けている。これ以上の借り入れはできず、個人単位で消費者金融からお金を借りるしか術がない。そして固定費の支払いを終えると、自分たち3人の給料が残らないのである。

オープンしてわずか3カ月ほどが経過した2002年3月には、立ち上げに参画していたひとりが「もう無理！」と離れていき、柏木オーナーとのふたりになってしまった。あまりにも見通しが甘いことを悔やんだが、今さらどうにもならない。

誰も来ないジムにいても何も生み出さないので、代表者である柏木オーナーをひとり残し、僕はアルバイトに出かけた。個人的にも借金しているし、給料も出ない。しかしながら、これは自分たちで選んで進んだ道。人に強要されて、こうなったのではない。どんなにいばらの道でも、前を見て進むしかない。正直、戻れるものなら戻りたいが、戻る場所もないし、時間は巻き戻せない。嘆いても仕方ないのだ。

自分たちでジムを運営して、会員さんたちに運動することの素晴らしさを知ってもらうという希望に満ちあふれた夢。その夢は早々に霧散し、底の見えない暗黒があんぐりと口を広げる悪夢へと変貌した。

借金返済のためのアルバイトの日々が縁となり、佐川急便に入社

結果として、エクサイズ・トレーニングスタジアムでは働くことはほとんどなかった。オーナーである柏木さんを残し、毎日のように日雇いアルバイトに精を出していたからだ。日雇いで稼いだお金で腹を満たし、切り詰めて借金を返す。自分の銀行口座に貯金はなく、ポケットには札もない。100円玉がなくてジュースが買えない日もあったのをハッキリと覚えている。買えるだけの小銭を持っていたとしても、明日どうなるかわからない身では使えないだろう。それほどに切羽詰まる状況でいた。

どうしてトレーニングなんかにハマってしまったのだろう、という思いが頭を巡る。トレーニングにさえハマっていなければ、ジムで働くこともないだろうし、今のような状況にも陥っていないはずだ。トレーニングにさえ出会わなければ、こんな苦しい思いなどしていない。せっかくいい高校に入学できたのに、トレーニングに夢中になるあまり勉強をおろそかにして、その行く末がこの体たらくだ。

卒業生の多くが医師や経営者になる学校へ通っていたのだから、両親は自分の息子もそうなるものだと期待していたかもしれない。そこへ通学していたからそうなる、という保証は何ひとつないのだが、少なくとも借金まみれになるとは思わないだろう。高校、大学と自分のやりたいトレーニングに明け暮れて、やるべ

きことをしてこなかった自分へのツケがまわってきたのだと、毎日のように後悔しながら過ごしていた。

そのようななかでも、愛知県ボディビル・フットネス連盟の大会の裏方は続けていた。2002年の愛知県選手権の新人戦でボランティアをしていると、ステージでトークショーをしていたマッスルメディアジャパンの織田正幸社長から「前年の東海選手権で優勝した威勢のいいのがいるから紹介します!」と声がかかる。そして、当時はまだJBBFに所属していた山岸秀匡選手とポージングバトルをさせていただいた。織田社長の粋な計らいは、いい思い出となり、暗黒時代の一服の清涼剤となった。

その頃、日雇いのアルバイト先としてよく出入りしていたのが、佐川急便のターミナルである。営業車からの荷下ろしや、ベルトコンベアから荷物を引いてトラックに積み込む準備をする仕事だ。最初に働いていたのは建築関係が多かったが、佐川急便に呼ばれるようになると、毎日のようにターミナルで荷下ろしと積み込みをすることになる。佐川急便のセールスドライバーの給料がいいというのは、周知の事実。借金まみれで喘いでいる身としては、非常に惹かれるものがある。しかもこのときには、アルバイトで荷下ろしやベルトコンベアからの荷引き、積み込みしか経験しておらず、セールスドライバーの仕事を知らない。「佐川急便なら、借金が返せるかもしれないしいいんじゃないか?」という思いは膨らむばかりだ。

当時は体重が100キロに近く、しかも筋肉質ということで、多くのドライバーや事務員、幹部の方たちが興味を持ち、「マッチョが働いているぞ!」と働く様子を見にくるようになり、少しずつ知られる存在になる。すると、あるお偉いさんが「君、綱引きやらないか?」と声をかけてきた。「え? 綱引き…ですか？」と僕。

実はその当時、佐川急便は実業団の綱引きリーグに参加していた。つまり僕は、綱引き選手の「ドラフト補強候補」として有力視されたというわけだ。お偉いさんは「とにかく綱引きだけやってくれればいいから！」という。本当かなと感じたが、「仕事は俺のさじ加減でどうにでもできるから！」とまでいうのだ。佐川急便のセールスドライバーの仕事がキツいことはなんとなく覚悟していたのだが、借金地獄から抜け出すためには仕方ないと自分に言い聞かせ、「優遇措置があるのなら大丈夫かな」とお偉いさんの言葉を真に受けて、正社員として働くことにした。同時に、スタッフとしてはエクサイズ・トレーニングスタジアムを離れた。短い期間ではあるが、つらさ、悔しさ、厳しさ、ありがたさなど、とてもいい経験をさせていただいた。しかしながら、この判断が本当の地獄への片道切符になるとはこのときは知る由もない。

今では労働基準法が厳しく、佐川急便でもきちんとした就労環境であることは間違いない。しかしその昔、佐川急便のセールスドライバーは、ライバル会社である猫のマークの運送会社が3人で行う仕事を、たったひとりでこなすような労働環境にあった。それゆえ給料が高い。残念ながら佐川急便の仕事しか知らないので、比べられないのだが。

佐川急便でセールスドライバーをやる人間は、2種類いるといわれていた。ひとつは自分の店を持ちたいなどの夢を実現するための資金稼ぎに来る人。もうひとつは、夢やぶれて借金を背負い、返済のために金を稼ぎに来る人だ。いわずもがな、僕は後者である。いずれにしても体が丈夫ならば、瞬時にそこそこの高給取りになれるのだが、大抵は長続きしない。僕も、一生この仕事をしようと決めて働き始めたわけではないが、借金を返済するまでは石にかじりついてでも頑張るつもりでいた。

研修を受ける段階で、既にそのヤバさが伝播してきた。中華料理屋の仕事も長時間の肉体労働だったが、佐川急便に比べれば子どものお遊びだ。実際に働き始めてみると、綱引きの練習もあるのだが、そのために仕事が早く終わるなどの恩恵は皆無のため、綱引きは早々にやめた。何よりセールスドライバーの仕事というのが、まさに地獄。自分で顧客開拓もするし、集荷も、配送も、集金もする。それも、尋常でない数をこなさなければならない。トラックを運転しているとき以外は、重い荷物を持ちながらも常に走らないと間に合わないのだ。仕事が始まるのは朝6時半で、終わるのは22時頃。残業は、月に100時間を超えていた。現在の「過労死の危険性あり」という基準が80時間なので、これは「過労死確定レベル」だ。

仕事中は荷物を手に走り続けるから、高強度の有酸素トレーニングを1日中続けている感覚。いや、1日中罰ゲームをやらされている感覚に近いかもしれない。佐川急便のマークが飛脚である理由は、業務形態がそのまま表されているからだ。走り続けなければ、仕事が終わらないということ。まさにそれを象徴しているのが、あの飛脚のマークである。

ただただ体と精神が消耗していくのに反比例して、トレーニングだけは絶対にやめてはならないという気持ちが大きくなった。それがますます自分の肉体を極限の疲労へと導く。もうこのまま死んでしまいたいという衝動に駆られる日々を過ごしていた。

オーバーワークが原因でカタボリック夢遊病、失禁に見舞われる

仕事が22時頃に終わると、佐川急便のターミナル近くでひとり暮らしを始めたマンションへ戻り、そこから車で45分かけてトレーニングへ向かう。当時は24時間ジムや夜遅くまで営業しているようなジムは存在しない。そのためエクサイズ・トレーニングスタジアムの鍵を借りてトレーニングをさせてもらっていた。柏木オーナーは僕を快く受け入れてくれ、時には補助をしてくれることもあった。

トレーニングは大抵23時頃から、日付をまたいで深夜1時頃まで。どんなに疲れていても絶対に手を抜かないのが自分のなかでのルールだ。トレーニングを終えると車で帰宅し、食事をして寝るのは3時くらい。仕事が6時半からなので、睡眠時間は3時間ほど確保するので精いっぱいだ。人間の体は慣れに強い。最初のうちは厳しいと感じたが、徐々に慣れているような気がした。しかし、それは「気がしただけ」に過ぎなかった。

仕事中は常に動いているので、それほど眠くならない。しかし、深夜のトレーニング中、インターバルで寝落ちしてしまうのだ。寝ないようにインターバルを短くするなどして努力した。それでも意識が飛ぶことは多い。加えて、トレーニング中に尿もれが発生する。〝チョロ〟などというかわいいレベルではない。

〝ジョー〟という完全おもらしレベルなのである。ジムではひとりなので着替えれば済む。大きな問題ではないが、これはマズい。

それだけではない。自宅に戻り就寝したはずが、気がつくとマンションの外廊下にひとりたたずんでいることもある。寝ていても配達している自分がいて、押し入れの扉が佐川急便の営業トラックの観音扉に見えて、荷物が落ちないように押さえていることもある。俺、どうしたんだろう。かなりマズい。完全にマズい。自宅で寝ぼけるくらいならまだいいが、これが運転中に起こると笑いごとでは済まされない。いつ居眠り運転で事故を起こしても不思議ではない状態だ。仕事中にも居眠り運転の危険性はもちろんあるが、ジムと自宅の往復は疲労が最高潮の深夜なので、本気でいつどこに突っ込んでもおかしくない。大音量で音楽をかけ、冬でも窓を全開にして運転に集中するように心がけた。このときに聞いていたB'zは、今も聴くと胸が締めつけられ、あの日々を思い浮かべると涙がこぼれそうになる。

しばしばインターネットで話題に上るオーバーワークは、ナチュラルボディビルダーには起こらない現象だと思う。トレーニングをどんなにやり込んでも、そのレベルには到達しない。ただし、それはトレーニングだけを頑張った場合の話。日常生活がとんでもなく過酷な場合、オーバーワークは起こり得る現象だ。

佐川急便時代は、まさにオーバーワークだった。トレーニングを頑張れば頑張るほど体はどんどん小さくなる。筋肉がみるみるうちに縮んでいくのだ。オーバーワークの直訳通り、仕事のしすぎである。仕事がもろに肉体労働の上に、あまりにも過酷。要するに「重度の肉体労働＋ハードトレーニング」で完全なカタボリック状態が常態化してしまうのだ。

これは決して、筋トレだけが引き金ではない。1日24時間を、その人がどのように過ごしているかにより起こる現象だと思う。仕事で1日中走り続け、その後にトレーニングを始めた段階で既に息が切れている。エネルギーが枯渇した状態でのトレーニングでは、筋肉が削げ落ちても無理はない。でも「佐川で働きながらも毎日トレーニングを完遂する」というのが当時の自分の美学でもあった。

この時代に「過労死」という言葉が常用されていたかは定かでないが、これを一生続けたら、どこかでそのような事態に陥っても不思議ではないという気がした。そもそも一生続けるのは無理だろうが。いずれにしても自分がまいた種は自分で刈り取る必要がある。自分が選んだ道であり、黙って前に進むしかない。

トレーニングをやめるという選択肢がないのと同様に、大会を休むという選択肢も存在しない。この生活環境では、大会に出場しなくてもいいのかもしれない。だが、仕事で自分の大好きなトレーニングが奪われてしまうことに耐えがたく感じるのと同様に、大会に対しても絶対に出場してやるという気持ちになっていた。

2003年7月20日、山梨県で開催された日本クラス別選手権80キロ以下級に出場した。この日も、大会前夜に仕事が終わったのは22時。それからジムへ行き、寝たのが4時。78・8キロで検量をクリアし、ゼリー、羊羹、わらび餅で81キロまで戻した。

JBBFが開催している大会の頂点といえば、やはり毎年10月に行われる日本選手権だが、この時点ではまだ日本選手権に出場したことがない。大会に出場するのは東海選手権で優勝して以来、2年ぶりとなる。

全国区の大会は、その東海選手権の2週間前に出場して9位という微妙な順位がついたジャパンオープン以来2回目だ。日本クラス別選手権はその名の通り、55キロ以下級から90キロ超級まで、男子は5キロ刻みで9クラスの体重階級別で行われる大会だ（この頃は55キロ以下級と90キロ超級はまだなく、7クラスで行われていた）。日本選手権の場合は階級がなく無差別一本勝負というところで、国際基準からすると異質といえる。大きな選手と同じ土俵で戦うため、軽量級の選手は不利といえば不利だが、プロポーションや質感も吟味される日本のナチュラルボディビルにおいては、一概に重量級が有利ともいえない。無差別の日本選手権に比べると、日本クラス別選手権は国際規格に適合しており、アジア選手権や世界選手権の派遣選手の選考会も兼ねている。そもそも初開催された1984年には「世界・アジア日本代表選抜選手権」、またの名を「ミスターユニバース選抜大会」と呼んでいた。20歳のときに第12回世界・アジア日本代表選抜選手権80キロ以下級に出場して6位入賞したのは、既に記した通りだ。日本クラス別選手権に呼び名が変わったのは1997年からで、僕が出場したときには第7回を迎えていた。

80キロ以下級は2000年に日本選手権でチャンピオンに輝いている谷野義弘選手が優勝、2位がビーフ佐々木こと佐々木晋選手で、僕は3位だった。コンディションはそこそこよかったと思う。ここでの3位が大きな自信になり、2週間後のジャパンオープンにも出場した。ところが、ナルシス山本こと山本昌弘選手が優勝したその大会では10位と、2年前に出場したときよりも順位をひとつ落とした。この結果に、僕は苦虫を噛みつぶした。

精神的な限界を感じて転職
ハローワークでの運命の出会い

自分としては、日本クラス別選手権80キロ以下級で3位に入れたことはうれしいが、ジャパンオープンの10位にはかなりへこんだ。ジャパンオープンは決して調子がいいわけではなかったのだが、周りからの見え方はだいぶ違うようだ。吉田のアニキはこのジャパンオープンのステージで、初めて大会復活後の姿を見てくれている。「ものすごいインパクトを感じた。荒削りな印象はあったけど一緒に出場していた下田（雅人）くんと共に、そのバルクとスケールの大きさに、ボディビル界の変革の兆しを感じた」と月刊ボディビルディング誌のインタビューで講評してくださった。

佐川急便での過酷な労働条件に加えてハードなトレーニングをしていたことで、オーバーワークに陥り、カタボリックな状態だと感じていた。トレーニングすればするほど、それまでにつくり上げた筋肉が削がれて行く感じだ。しかし、アニキにはジュニア時代の印象が強く残っていたのだろう。自分としてはこのときよりも、2年前の東海選手権で優勝したときのほうがいいと思うのだが、残念ながらアニキはその姿を見ていない。それゆえ2003年のジャパンオープンでの姿が、大きくてインパクトがあるように見えたのではないだろうか。

調子が悪いという自分の意に反し、この頃からホワイトハルクこと下田選手、そして、日本クラス別選手権80以下級で戦ったビーフ佐々木こと佐々木晋選手と共に「バルク3兄弟」と呼ばれることが増えた。佐々木選手も下田選手もバルクを武器とする選手で、タイプが似ている。特に下田選手は、同い年で身長も一緒ということから、その後も切磋琢磨していくこととなる。

過酷な労働環境下でも決してトレーニングは休まず、大会にも出続けていたが、それも2年が限界だった。体がどうこうというよりも、精神的に無理なのである。完全に心が崩壊してしまう前に、そして本当に事故を起こしてしまう前に、この暮らしとも決別する必要に迫られていた。僕は精神的に追い詰められて弱くなることはないと思うが、このときばかりは正直、ボロボロの状態に陥っていたと思う。さすがにこの2年間は、元気がなかったのではないだろうか。

人間誰しも、長い人生のどこかでつらく厳しいときというものがあるだろう。自分自身が境地に陥っているときには周りが見えなくなり、世界一つらいのは自分で、誰も助けてくれないなどと世間を穿った目で見ることもある。でも、決してそんなことはない。案外そういうことが自分を強くしてくれる絶好のチャンスになるのだ。一度でもどん底を味わった人間は強くなれる。僕が佐川急便での2年間で学んだように。頑張りどきと、踏ん張りどき。これは常日頃から大事にしている言葉だ。人生で一番大切なのは、頑張ることよりも踏ん張ること。佐川急便での2年間は、人生で最も過酷で厳しい時間だった。この短い2年という間に、カタボリックに陥った。体はみるみる小さくなる一方で、精神力は誰にも負けないものに成長できた。

トレーニングにも、そして人生にも、一番大切なパワーの源は精神力だと思う。でも、トレーニングと違い、なかなか目に見える形の精神力を鍛える方法はないと思う。佐川急便で働かせていただいた2年間とは、精神力を鍛える絶好の機会となった。今もつらいことがあると、佐川急便での修行時代を思い起こす。「あの頃に比べれば、たいしたことない」と、どんなことでも乗り越えらえる強い精神力を養うことができた。間違いなくこの時代のお陰で、普通の選手とは少し違う精神力を身につけられたと自負している。

次の就く仕事は佐川急便よりもきちんとした休みがあり、時間に少しでも余裕があり、トレーニングが確実にできればいいという基準で選ぶことにした。今のようにスマホで転職サイトを見て選ぶという手軽さはなく、名古屋駅にある公共職業安定所（ハローワーク）へ毎日のように足を運ぶ職探しが始動した。

そこで見つけたのが、その後、約15年間に渡りお世話になる株式会社近藤だ。数多くある就職先リストからたまたま見つけたもので、そこにはタイミングや運も含めてさまざまな要素があるのだろうが、この出会いが僕の人生を大きく左右する選択となるのだ。

性格上、デスクワークや単純な作業を毎日のように行う仕事には向いていないのを自覚している。だから、肉体労働でも自分のペースで毎日の業務が配分できる仕事を最優先にしていた。体がキツくても、精神的に負担の少ない仕事を選択する方向で探した。

ボディビルを続けていく上で肉体労働が不利なのは、佐川急便時代の経験で十分に体感できていたが、そうした環境下でどこまで行けるのか、むしろ立ち向かい挑戦する気持ちのほうが強かった。アマチュア選手である多くの日本人ナチュラルボディビルダーにとり、競技と仕事の両立は切っても切り離せない死活問題だ。この両立が競技においても、また私生活でも成功につながる鍵となる。そのようななかで、肉体労働とボディビルの両立というのはある意味、非常に難しいのだろう。だからこそ、楽な仕事に就こうと考えたり、競技自体を、ひどいときにはトレーニングまでも諦めたりしてしまう選手がいるのかもしれない。

そこを両立できるのは自分しかいない。貫いて皆の道しるべになりたい、そして自分ならきっとそれができる――僕にはそんなプライドが心の奥底にある。そのため、今回の職選びに関しても、トラックの運転などを中心に肉体労働を選択していた。ただ、佐川急便ほどの過酷さだけは再現しないように、その点に関しては十分に留意した。

近藤は、僕が入社した当時はまだ従業員が20人程度の小さな会社。僕が行う仕事内容は、医療廃棄物の回収、介護用品の配送などのルートドライバーだ。佐川急便とは違い、きちんと休みもあるし残業時間も短い。佐川急便での地獄のような経験があるので、まるで天国と感じるくらいに楽になる。その分、収入は減るが、それでも生計が十分に立てられるくらいはいただけた。

何より、精神的に足枷が外れて、自由に空を飛び回れるような感覚を抱いた。近藤での仕事は、世間一般の感覚に当てはめると、厳しい環境での肉体労働なのかもしれないが、佐川急便から転職してきた自分には、とにかく体が楽に感じられた。最高の仕事に出会えたと思えた。

不注意による事故で骨折するも、数日で復活
その後にささやかれた「木澤、使ったな」

株式会社近藤に転職し、佐川急便時代の過酷さから解放された翌年、新しい環境でコンテストに向けての挑戦をついに始動させた。

２００４年3月から減量を開始した。減量開始時の体重は93キロ。エクサイズ・トレーニングスタジアムでもトレーニングはしていたが、メインのジムは名古屋市西区、名古屋城のすぐ北西にあるサン・ワークアウトに変更していた。減量開始から1カ月ほどした、4月の初め頃だと思う。サン・ワークアウトでのトレーニング中に、その事故は起きた。

事故に関してこれからここに記すことは、あくまで「こういうことがあった」という事実を示すものであり、事故後の対応に関しては真似してほしくないし、真似すべきことではないということを、先にお伝えしておきたい。もちろん武勇伝として自慢すべきものでもなく、どちらかといえば恥ずべきことだ。トレーナーとして活動する現在の立場からであれば「しばらく安静にしましょう」と進言するところだろう。

この事故が起きたのは誰の責任でもなく、完全に自分の不注意が原因だ。プレートを目いっぱいつけ、さらにその上にはトレーニングパートナーを乗せて、総重量６００キロ程度で45度のレッグプレスを実施して

いた。トレーニングパートナーを乗せているのは、途中で飛び降りてもらい、80キロほど軽くしたらすぐにセットを続けるドロップセット法を駆使するためだ。プレートを取り外すよりも簡単に80キロがドロップできる。そもそも、取り付けられる重量が足りないのもあるのだが。

ドロップしようと思い、一度レストを挟むためにストッパーをかけた。ところが、かけたつもりのストッパーはかかっておらず、トレーニングパートナー共々全荷重が一気に僕を押しつぶした。明らかに何かがどうにかなる「グシャッ！」という音がした。完全に挟まれてしまい、まったく動けない。下半身が痺れ、自分がどういう姿勢なのかもわからない。僕もトレーニングパートナーも、何が起きたのか理解できずパニックに陥っていた。今でも覚えているのは「一生、車いす生活になるだろう」と直感したことだ。

すぐにジム仲間に横から引っ張り出してもらい、おんぶで車まで連れて行ってもらうと病院へ直行した。診断は、左の脛骨骨折とヒラメ筋断裂というそこそこの大ケガ。ギプスをはめられて、松葉杖で帰ってきた。好き好んで事故を起こす人間はいない。気を抜いて事に当たるから、こういうことが起こるのだ。トレーニングに限らず、何事も気を引き締めて取り組まなくてはならない。

この年は環境を一新して、トレーニングにも大会への意気込みも充実していたのだが、ケガで出鼻をくじかれた。しかし、このままおとなしく療養に入り、大会を欠場するという選択肢は、僕にはない。まずは同じクラスに参戦していて、以前、同じように大会前に脚をケガしたことのある選手にメールをしてみた。すると、その選手から「俺はケガしてすぐにレッグエクステンションやりまくったよ！」と返事がきた。「なんだ。できるんだ！」と目の前のモヤが晴れる気がした。その言葉に「よし、1週間で治そう！」と勇気づけられた。

骨折した3日後には松葉杖をついてジムへ行き、上半身のトレーニングを再開した。そしてその数日後には自分でギプスを外し、恐る恐る脚トレをしてみた。するとどうだろう、さほど痛みもなくできそうではないか！　この頃は6分割で回していたので、上半身であれば負荷はそれほどかからない。僕は時間をかけることなく、完全に元のルーティンに戻すことに成功した。「なんだ、たいしたことなかったじゃないか」と胸をなで下ろした。

今一度お伝えするが、武勇伝でもないし、決して真似してほしいことでもない。重心を操作することで、たまたま骨折した部分や痛みのある部分に、ほぼ弊害なくできる動作が見つかったというだけの話である。

2004年の初戦は7月11日の日本クラス別選手権に照準を合わせていたのだが、ケガをしたことが知れ渡ると「木澤は終わった！　今年はダメだ！」と喜んだ選手もいたらしい。しかし、その期待を裏切り出場した。前年の日本クラス別選手権では80キロ以下級にエントリーし、検量では78・8キロだった。この年は85キロ以下級に出場して82・5キロで検量をパス。検量の時点で、前年のカーボアップした体重＝81キロを超えていた。筋量で、仕上がり体重は実質5キロほど増えていたと思う。絞りが甘いだけの体重増加ではないかと思うかもしれないが、仕上がりに関しては甘いどころか、むしろ厳しさを増すことができていた。この変化に会場はどよめき、「木澤、ついに使ったな…」という声がそこここから上がるのを感じた。

合戸孝二選手が「（筋肉増強剤を）使っていると言われるのは褒め言葉だ！」とよく言っている。誰もが「薬物を使わずして、そんな筋肉がつくわけがない！」と思うほどの筋肉がついている証拠だからだ。もちろん、合戸さんも僕もナチュラルだ。我々にしてみれば、ユーザーと疑われるのは「名誉」なのである。

これには、きちんとした自分なりの裏づけがある。佐川急便にいたときは、オフでも使用重量がどんどん落ちてしまい、明らかに筋量を落としていた。しかし意地もあり、どんなに仕事で疲れていようがトレーニングは継続した。それが佐川急便を離れて近藤へ移り、2年間おろそかにしていた休養の部分が充実したことにより、回復力が一気に爆発したのだ。それはちょうど、思い切り縮んだバネが一気に伸びるように。

僕くらいの経歴、この時点でトレーニング歴約10年、日本ジュニアに出場していたときで仕上がり体重が75キロ以上あった選手が、直近の1年で仕上がり体重がさらに5キロ増え、それだけでなく絞りも厳しくなっていれば、僕自身も薬物使用を疑うだろう。「骨折したというのはガセネタだな？」とも言っていただいた。いやいや、薬は使っていないし、骨は折れていたし（笑）。

前年は調子が悪いのを理解していたので、順位に関してはほぼ気に留めていない。しかし、今回は本気で臨んでいたので、いつも月刊ボディビルディングで見るような全国区の選手と戦えるのかが気になっていた。結果は、85キロ以下級で強みを発揮していた相川浩一選手に次ぐ2位。この頃はまだ、とにかく大きな筋肉に憧れて突き進んでいたので、バルク重視の仕上がりでの結果だ。同じクラスで戦うのだから、その考えを改めないとならない必要性に気づき始めた大会でもあった。

最大の目標だったジャパンオープン優勝も10年ぶりのアジア選手権は屈辱の予選落ち

2004年7月11日に行われた日本クラス別選手権85キロ以下級で、相川浩一選手に次ぐ2位の成績を収めた。そして、この年の最大の目標としていたジャパンオープンが来た。8月8日、場所は長野県中野市。3年前に中部地区のブロック大会である東海選手権で優勝したときから、ジャパンオープン制覇を次の目標としていた。その昔はミスターアポロと呼ばれていた大会で、ジャパンオープンに名称が変わって15回目になる。

オーバーオールの戦いに全国からボディビルダーが一堂に会し、40～50名の選手が一気にステージへ上がり、そこは一瞬にして戦場と化す。ここで優勝すれば、10月に行われる日本選手権でもファイナリスト（決勝進出12名）になれる可能性が高い。東海選手権で優勝する2週間前に初めて出場して9位、その2年後、2003年の2度目の出場では10位とひとつ順位を落とした。

日本クラス別選手権での2位という結果を受け、かなりの自信を胸に乗り込んだ。会場に到着し、集合場所で壁にもたれて待機していると、友達が僕の肩を凝視している。「何!?」と聞くと「ほら、蜘蛛が降りてきた」と言い、小さな蜘蛛を指差した。「朝蜘蛛は縁起がいいっていうからな。今日はいいことが起こるかも知れないぜ！」と友達は言う。それは素晴らしい！

会場内でも、優勝候補筆頭という雰囲気がプンプンしているように感じられた。知り合いが数日前から「優勝しかないだろ⁉」という趣旨のメールをバンバン送りつけてきたのもあり、結構なプレッシャーを感じていた。コンディションは絶好調なので、そう言われるのも当然だ。

「誰が出てきても絶対に勝つ！」という意気込みでステージに上がる。結果は前年度の10位からジャンプアップしての優勝。この年はジャパンオープンで優勝することを目標としていたので、とてもうれしかった。同時に、全国レベルの大会で戦えるのか、不安に感じていたなかでのこの結果に、思わず胸をなで下ろした。このとき、僕は29歳。20代のうちに何か大きなタイトルがひとつ、どうしても欲しかった。優勝したいという気持ちが強かっただけに、最高の気分だ。

優勝の要因を挙げるとすれば、1年前にトレーニングの拠点をエクサイズ・トレーニングスタジアムからサン・ワークアウトに変えたことで、それまで使ったことのない新しいマシンなどに触れたことで、体の反応が良くなったのもあると思う。あとはやはり、佐川急便から近藤へ移り、トレーニングの時間はもちろん、休養の時間も取れていることが最大の要因だろう。筋肉の成長を抑制していたものが取り払われたことで、回復力と成長が堰を切るように、相乗効果を発揮しながら動き出したということではないだろうか。

地獄の日々を過ごしたことで精神的に強くなり、環境の好転により肉体的にも回復し、成長できた。このときも近藤でルートドライバーの肉体労働に従事していたが、肉体への実質的負担は半分以下ではないかと思う。精神的な負荷に至っては、ひとつもないくらいに軽い。とにかく、この勝利は今後の大会出場歴にも大きな変化をもたらす価値のあるものだった。

9月には3度目となるアジア選手権に向けて、バーレーンへ乗り込んだ。成田空港からの出発前日、千葉県が地元のホワイトハルクこと下田雅人選手と「腕トレ・ガチンコ・バトル」をゴールドジム幕張店で行う。これはマッスルメディアジャパンの企画で、レッグプレスで骨折する1カ月前には愛知県蒲郡市にあるマッスルメディアジャパンの総本山、クレイジーハウス・ジムで、BIGヒデこと山岸秀匡選手とガチンコ・脚トレ・バトルも行っている。こちらは月刊ボディビルディングとマッスルメディアジャパンの共同企画だ。なぜか、どちらも僕のルーティンをバトル相手に追従してもらうという対決である。

話を元に戻そう。バーレーンでのアジア選手権、これが曲者だった。アジア選手権に出場したのは、19歳のときのマレーシアと20歳のときの中国で、今回は10年ぶり。僕には大会の前々日に脚トレ、前日に背中トレをして大会に臨むという、お決まりのルーティンがある。このルーティンをこなして出場すると、すごく調子が良いのだ。この頃はどの大会でもルーティンを守るようにしていた。ゲン担ぎみたいなもの、と考えてもらえばいい。

バーレーンにもジムくらいあるだろうと考えていたのが間違いだった。会場の近くにはスポーツクラブに毛が生えた程度のジムしかなく、トレーニングにならない。肉体的にも気持ち的にも準備が整わないまま、大会当日を迎えた。自分の気持ちが小さいことが最大の問題で、決して調子は悪くないのだが、いつものルーティンができていないことだけが気がかりである。

国際大会では、並び＝ラインナップが一番重要だ。選手がステージに横一列に並んだ段階で、優劣が決するといっても過言ではない。しかしながら、そのときの立ち姿であるリラックポーズが僕は苦手だ。名前とは裏腹に、ひとつもリラックスなどしない。正面向きで、脇の下にボールを挟んでいるかのように隙間を保ちながら両手を体の脇に浮かせ、広背筋を広げ、大腿部も縫工筋などに力を入れてカットを出す。自分を最大限に良く見せなければならないのがリラックスポーズだ。説明するだけでも疲れてくる（汗）。

うまくとることが苦手なリラックスポーズをなんとかごまかそうと、あちらこちらに視線を移した。するとそれが客席、つまり最前列に陣取る審査員には、そわそわしていて落ち着きがないように見えたらしい。チャンピオンとは常に堂々としているものだから、正反対に見えたことだろう。

日本クラス別選手権出場の85キロ以下級から80キロ級に階級を落とし、さらに厳しい仕上がりで出場したにもかかわらず、6位という結果に終わった。アジア選手権は5位までが入賞扱いなので、一歩足らずに予選落ちだった。僕は5位も6位も同じようなものだと思うことにした。ジュニア時代に挑戦したときよりも格段にレベルアップして、誰もがデカかった。でも、完全に諦めるほどではない。とはいいながらも、この予選落ちという結果には、骨折しても揺らぐことのなかった気持ちがガクンと下がり、久しぶりに落ち込んだ。ラクダのぬいぐるみをお土産に買ったのが、いい思い出だ。

自信皆無で臨んだ初の日本選手権 6位入賞は大きな転換点となった

バーレーンから帰国した2週間後、いよいよ日本が誇るナチュラルボディビル最高峰を決める日本選手権、通称・ミスター日本が開催される。ＪＢＢＦが主催する、歴史と格式を備えたボディビル選手権だ。初出場となる２００４年は50回目の節目の大会。つまり半世紀の歴史を誇るということである。ついにこの舞台に立つ日が来たと、奮い立つ思いだ。

ジャパンオープン優勝の実績を引っ提げての出場で、さぞかし自信満々かというと、真逆。アジア選手権予選落ちを引きずっていたわけではないが、正直にいうと自分が日本選手権という大舞台でどこまで行けるのかわからず、自信がなかった。結果は気にせず、とにかくベストコンディションで臨んで、あとはジャッジに任せる。あくまでも今の自分の立ち位置の確認と、来年に向けた課題を見つけるために出場することにした。この時点で、ほぼ気負いはなかった。

大会3日前の木曜日の夜、サン・ワークアウトで最後の肩トレをしていた。これを終えれば、残りはあと2日。金曜日に脚トレ、土曜日に背中トレをやれば、大会直前のルーティンは完璧だ。いつものゲン担ぎの儀式が無事終了して、大会前の準備は完結する。このままいけば完璧だと思いながら肩を攻めていた。

その日はマッスルメディアジャパンのクルーが来て、『ミスター日本への道』の撮影をしていた。今も続く『ミスター日本への道』は、日本選手権に出場する選手を追うドキュメンタリービデオで2002年に企画がスタート。このときが3作目だった。選手が出たいと言っても出演できるわけではなく、監督である織田正幸社長が出演者の決定権を握る。つまり、出演者として選ばれるのはとても名誉なことだ。しかもこのときはまだ日本選手権での実績は皆無。前年度に決勝進出を果たした、ファイナリストと呼ばれる選手たちが選ばれるのが普通だ。とはいえ、ファイナリストだからといって12人全員が撮影してもらえるわけでもない。日本選手権に出場もしていないうちから撮影されるということは、それだけ期待値が高いということに他ならない。カメラが入りテンションもマックスだ。いいぞジュラシック、その調子だ！

そのとき、衝撃のひと言が発せられた。「張りが全然ない」と織田社長から。「はい⁉」と思わず聞き返していた。ウソでしょ？　初の大舞台を直前に控えて張りがない？　マジでこのままではヤバい！　かなり焦る。数々のトップボディビルダーを間近で見てきた織田社長の目は確かで、信頼がおける。織田社長がそういうのなら、張りがないに違いない！

肩トレの撮影を無事に終えると、すぐにカーボを入れ始めた。その頃はまだカーボアップのテクニックなど習得していないので手探り、というより目隠し状態に近い。木曜の晩からカーボアップを始めた結果、どうやらカーボを入れすぎてしまったらしい。ジャパンオープンで84～85キロだった体重は85・5キロまで増えてしまい、見た目も幾分甘くなっていた。過ぎたるは及ばざるがごとし、とはこのことだ。僕のコンディションとは無関係に、予選審査は始まるのである。

プレジャッジのステージに立ったときには、気負いこそないが、これ以上ないというほどに自信もない。そして不安だ。自分がどのあたりに位置しているのか、皆目見当がつかない。バーレーンでのアジア選手権とは違う意味で、あちらこちらに目をやる自分がいた。そんな自分を置き去りにするように、予選審査はどんどん進行する。40~50人ほどの選手が日本一の座をかけて挑み、予選で敗退して地元へ帰る。ファイナリストとして決勝に駒を進められるのは、わずか12人。日本のナチュラルボディビルにおいて、上から12名という日本選手権のファイナリスト。そこに名を連ねることがどんなに名誉なことか。何年もかけてその座に着く人もいれば、一生かけてもそこへ到達できない人もいるのだ。

ファイナリストへの道を進んでいるはずが、自分のゼッケン番号は一度も呼ばれずに予選は進行していく。「ノーチェックで予選落ちかよ? ピックアップにも呼ばれないほど甘くなっているのか? マジでカーボアップ失敗した!」と冷や汗、脂汗が吹き出した。当落ライン上にいなかったので呼ばれなかっただけなのだが、内心では「予選落ちはあり得ない」と信じていたものの、「まさかの予選落ちもあるのか?」と思うほどに自信がなかった。実際には余裕で決勝に進出し、名誉あるファイナリストの仲間入りを果たした。無事にフリーポーズも披露し、結果は6位入賞。何も期待せずに出場した大舞台で、上出来といえる結果である。

日本選手権初出場でファイナリストに名を連ねた選手というと、鈴木雅選手（2005年12位）や須山翔太郎選手（2007年9位）がいるが、6位以内に限定すると2017年に横川尚隆選手が更新するまで誰も成し得ていない。それがすごい記録なのかというと上には上がいるもので、僕が尊敬する田代誠選手は1998年に初出場で3位に入っている。さすがだ。そして2024年には、令和の風雲児・刈川啓志郎選手がやはり初出場で3位に入賞しているほか、扇谷開登選手も4位入賞を果たしている。初出場でのファイナリスト入りが難しいことなのだとしたら、ふたりがそれを成し遂げた2024年は、変革の年として語り継がれることだろう。

2004年はジュラシック木澤の31年における競技生活のなかでも大きな転換点になったと思う。目標としていたジャパンオープン優勝、その勢いに乗り日本選手権も初出場で6位入賞。100点満点をあげてもいいシーズンだが、ひとつだけマイナス要素を挙げるなら、やはり10年ぶりに参戦したアジア選手権だ。アジアのレベルの進化に少なからず驚き、ショックを受けた。それでもまったく歯が立たないというレベルだとは思わないし、またチャンスがあれば挑戦したいと思えた。

これらの活躍ができた理由は再三触れているが、転職で肉体的、精神的に負担が減ったこと。佐川急便にいた頃は、オフでも体重が減り、それを防止するためにわざと油物を食べていた。あの苦しい期間があったからこそ、転職後に調子が一気に上向いた。しかし、この好結果に「日本選手権、楽勝じゃん！」と舐めてかかる心が顔を出した。「このコンディションで6位になれるなら、2年あれば獲れるな」という気持ちになっていた。そこに到達するまでには20年以上の歳月が必要になるということはつゆ知らず、29歳の木澤大祐は、かなり調子に乗っていた。若気の至りとは、こういうことをいう。

同じ肉体労働でも性に合う株式会社近藤の仕事

株式会社近藤には、普通に面接を受けて入社した。2年間の佐川急便での過酷な就労環境により肉体的にも精神的にも追い詰められていたので、そこから生活のすべてを変えるための職替えである。2003年7月頃だと記憶している。名古屋駅の公共職業安定所に毎日通い、そこに出ている求人のなかからトレーニング時間がきちんと取れて休日も十分にある会社を選んだ。特にコネや伝手はなく、誰の紹介でもない。

職種に関しては、ある程度自分で仕事内容などのコントロールが利くものを優先し、そのためには肉体労働でも構わないというスタンスでいた。それが佐川急便とも似ているトラックドライバーというものであっても。面接時にはボディビルダーであることも話し、競技との両立を目指していることも伝えて、了承していただいた。そのときは2008年に開催予定の北京オリンピックに出場するのが夢だという話もしていた。

固定したクライアントを回るルートドライバーという点では、佐川急便と同じかもしれない。しかし、ドギツさには雲泥の差があった。近藤では約15年間に渡りお世話になるのだが、佐川急便時代のように「つらくて辞めたい」と感じたことは一度もなかった。近藤に入社できたことで肉体的、そして精神的な苦しみのすべてから解放された。公共職業安定所で偶然選んだ近藤という会社が、15年後に僕の人生を本当に大きく変える存在になるなど、このときには知る由もなかった。

近藤は、当時はまだ社員数20名程度の小さな会社。現在は90名程度の従業員を抱える会社に成長している。主な業務内容は、介護福祉用品の販売・配送と医療廃棄物の収集運搬である。自社在庫を持ち、自社配送しており、僕が担っていたのはまさにこれら全般である。会社があるのは、愛知県のあま市。当時住んでいたところから近いことも、近藤を選んだ大きな理由のひとつだ。受け持ったのは、入社当初こそ愛知県内を回るコースもあったが、その後は岐阜ルートに変わり多治見、可児や美濃加茂などを回るルートを、14年もの間走り続けた。これには理由がある。顧客から会社に「木澤くんを担当から替えないで」というリクエストがあり、固定されていたからだ。顧客の方々からこのようなリクエストをしていただけるのは、ドライバー冥利に尽きる。本当にうれしいことだ。

業務の一例を挙げると、まずは会社のトラック、パワーゲートのついた3トントラックに乗り、自宅へ帰る。そして深夜3時にひとりで自宅を出発して、担当ルートへ向かう。回るのは病床数500程度の中型病院だ。病院へ着いたら、鍵のかかる保管庫に格納されている医療廃棄物を収集する。医療廃棄物とは、使用済みの注射針や点滴袋、輸血後の袋や手術で使用した脱脂綿など、多岐に渡る。それらが36センチ×30センチ×25センチくらいのプラスチック製のコンテナに入っているので、それを250個くらい収集するのだ。ひとつのコンテナが10キロ程度あるので、そこそこの重さになる。

行きのトラックの荷台も空ではない。前日に本社の倉庫から積み込んだ大人用オムツなどの介護用品が満載なので、まずはそれらを台車に乗せて運び込み、代わりに医療廃棄物のコンテナを収集してくることになる。その作業を延々繰り返して、病院内で複数箇所に分かれている集積所を回り、医療廃棄物で満載のトラックで本社へ帰還するのだ。

夏場になると、岐阜はかなり暑くなる。病院に着いて動き始めるのは4時頃だが、この段階で気温は27～28度。動き回ればすぐに汗だくだ。日中には体温と同じかそれ以上になるので、何度も着替える。

食事は時間になるとお決まりのコンビニへ立ち寄り、おにぎりやツナ缶などを入手して車内で栄養補給する。断然セブンイレブン派だったが、金曜日に回るルートにはセブンイレブンがなく、ミニストップで調達していた。この頃にはプロテインもよく飲んでいて、1時間に1回、よく動き回るときには30～40分に1回飲んでいた。1回に飲む量は30グラム程度。減量中で動いているときにはエネルギードリンクで、運転だけのときなど運動量が控えめなときには水で飲んでいた。時間節約のために粉をスクープで口に入れてから、飲み物を口にする「直飲み方式」を採用していた。僕がこの飲み方をしているから広まったかどうかは定かではないが、今では「ビルダー飲み」と呼ばれている（マッスルメディアジャパンのＤＶＤ『ジュラ革命』には、近藤での勤務中に、この飲み方でプロテインを補給する姿が収録されている）。

11時頃に本社へ帰還すると収集してきた医療廃棄物を下ろし、翌日に配送する介護用品等を積み込み、伝票と日報を記入してその日の仕事は終了。帰宅してひと息ついたら、トレーニングに出かける。

時には収集した医療廃棄物のコンテナを、トラックに積み込む際に倒してしまうこともある。コンテナは

1箱ずつ運ぶと日が暮れてしまうので縦に4～5個積み上げて動かす。これを台車で運んでトラックの荷台へ移す際に引っ掛けて転倒させてしまうのだ。蓋が外れなければセーフだが、蓋が外れるとトラックの荷台に廃棄物を散乱することになる。血のついた使用済みの注射針や点滴袋などがぶちまけられ、ひどいときには荷台の床が血だらけになる場合もある。完全にアウトだ。うっかりして使用済みの注射針を指してしまうこともあり、そうすると肝炎などの危険に晒されるので、すぐに感染症検査を受けなければならない。

担当している病院などで、スタッフを対象にしたダイエットやトレーニングのセミナーをするなど、本業とは関係のないこともやらせていただき、ボディビルダー・木澤大祐としてかなり優遇していただいた。会長である近藤裕秋さん（2024年に逝去）、そして当時の社長であった増井康孝さんには特に目をかけていただいた。後援会を設立していただいたり、大会のために遠征する際の交通費や宿泊費を援助していただいたり、本当によくしていただいた。

近藤での仕事を長く続けられたのは、自分のペースで働けることが大きかったのではないかと思う。基本的に、一日中肉体労働であることは間違いないのだが、ひとりで運転し、配達と収集をするから、自分でペース配分ができる。言い方は悪いかもしれないが、気を遣わずに済むのだ。難しい仕事場の人間関係もなく、とても働きやすかった。15年の間、不満は一切なく、何も起こらなければ今でも同じルートを回り、ドライバーという仕事を続けていてもおかしくはない。それほどに快適で、なおかつ安定した収入をもたらす仕事だった。

名古屋にゴールドジムができた！国内随一の充実した設備に歓喜

ゴールドジムはボディビルのメッカといわれるアメリカ西海岸、カリフォルニア州ベニスで1965年に誕生した、世界でも有数のジム・フランチャイズだ。

日本国内でも、今では100店舗を超えるゴールドジムが展開されているが、鈴木雅選手や田代誠選手、佐藤貴規選手、今では嶋田慶太選手がトレーニングをする（していた）ことで知られるのが、日本第1号店のイースト東京（南砂町）。日本におけるゴールドジムの総本山ともいえるイースト東京がオープンしたのは1995年のことだ。その2年後、マッスル北村さんがホームとしたノース東京が東京・大塚にオープン。その後も関東を中心に続々と店舗を増やしていき、2004年には関西第1号店となる梅田大阪がオープンする。そして2005年年4月、満を持して国内では16号店目のゴールドジム名古屋金山がオープンした。

個人的には、トレーニング自体はどこでしても同じだと思う。しかしながら、これは過去の経験として、公園や自宅でしていたときよりも枇杷島スポーツセンターへ通い出してからのほうが、筋発達は加速した感が強い。同じ市営ジムでも、枇杷島より露橋スポーツセンターのほうが設備は整っており、筋肉に対する刺激もやはり高くなった。当然といえば当然だが、設備がしっかりしているところのほうが、トレーニングの効率はいいようだ。

エクサイズ・スポーツクラブへ移った理由も、設備面がより充実していたことが魅力的だから。エクサイズでも十分にトレーニングを堪能したが、サン・ワークアウトへ移ると、これまでに使用したことのないマシンがあり、新たな刺激が得られて体を進化させることが実感できた。今度はいよいよ、ゴールドジムだ！

やはり、設備の差が筋発達に少なからず影響を与えるというのは、無視できないレベルの話といえる。

ゴールドジム日本1号店のイースト東京ができる以前は、すぐ隣の敷地にＳＵＰＥＲ ＧＹＭ ＡＭＥ'Ｓという、半分トレーニングマシンのショールームのようなジムがあった。ジム跡地は現在、ゴールドジムの親会社であるＴＨＩＮＫフィットネスが倉庫などとして活用している。当時はまだ有限会社スィンクという名称でギャラクシースポーツ、イバンコバーベル、テカ、パシフィックフィットネス、エヴァーラストなどの日本総代理店を務めており、ＳＵＰＥＲ ＧＹＭ ＡＭＥ'Ｓにはそれらのマシンが所狭しと並ぶ「海外製トレーニングマシンの総合輸入代理店」という顔を持っていたのだ。そんなバックグラウンドを持つゴールドジムが名古屋にオープンしたら、これからはそこでトレーニングができる。期待を寄せないトレーニーはいないだろう。

腕、特に上腕二頭筋などは、比較的フリーウエイトでも基本的な筋肉の大きさはつくれるだろう。しかし背中などになると、その発達はマシンありきといってもいいほど差がつく部位だ。河川敷へ行き、石を持ち上げたりすることでも背中を鍛えることはできる。中学生から高校生にかけては、背中のトレーニングといえば鉄棒でのチンニング一択だったが、それでも十分に基礎はつくれた。しかしある程度のレベルになると、マシンを使いターゲットを見極めて鍛えたほうが効率的だ。特に、ロウイング系種目はマシンによりいろいろ軌道があり、フリーウエイトでは体感できないような感覚が得られる。

腰への負担ということでは、脚トレに関しても威力を発揮する。脚トレをフリーウエイト中心で行う場合は、否応なくスクワットが中心になる。しかし、初心者にスクワットはハードルの高い種目だ。鍛えたいのは大腿四頭筋をメインとした脚の筋肉全体だが、担いだ重さを100パーセント脚に乗せるには、かなり熟練したテクニックが必要になる。スクワットをした後にバーベルをラックに戻すと、腰が張っているという人は多い。ところがレッグプレスなどを利用すると、腰が痛くなることはまずない。何も考えずにプレス動作をするだけで、大腿部にダイレクトに刺激が入る。

ほぼフリーウエイトしかない時代からトレーニングを始めた自分には、どんどん環境が変化し、マシンが増えて環境が良くなることで体の進化が明らかに進んだ。今ではフリーウエイト以外にもさまざまな選択肢あり、初心者のうちから無理なく対象筋に効率よく刺激を与えられる環境がある。もちろんフリーウエイトの良さは計りしれないが、マシンで感覚をつかめば、より最短ルートでのボディメイクが可能な時代だ。そしてその設備がとにかく充実している、それがゴールドジムなのだ。

オープンの日が待ち切れず、速攻で入会する。オープンするのは金山駅の近くにある商業施設・アスナルの3階で、床面積が広く、明るくて雰囲気も最高だ。マシン類やフリーウエイトが所狭しと置かれたそのジムは、今後、名古屋のフィットネスアイコンとなるのは間違いない。これで日本選手権の優勝を狙うのに盤石の体制が整ったといえよう。

ＪＢＢＦの選手登録をするときに所属クラブを記入する欄がある。最初は露橋ボディビル同好会。そしてエクサイズ、サン・ワークアウトと変遷した。ゴールドジムがオープンしてからは、ゴールドジム名古屋金山の所属選手として登録した。２０２４年に現役を引退したが、このときはジュラシックアカデミーのオーナーであり、ジュラシックアカデミーもまたＪＢＢＦの加盟クラブだ。愛弟子の杉中一輝選手（２０２３年日本選手権4位）はジュラシックアカデミーの所属選手として大会に出場している。しかし、僕自身は最後までゴールドジムに所属した。ただ、ゴールドジム名古屋金山がアスナルの閉鎖に伴い移転したため、自分にとって最後の日本選手権のときはゴールドジムイオンモール熱田アネックスの所属だった。

ＪＢＢＦの加盟クラブのオーナーでありながら、ゴールドジムに所属し続けたのは、僕がゴールドジムの契約選手だから。名古屋金山店がオープンしたときにはただの会員だったが、ご縁があり、ゴールドジムと契約させていただいた。ゴールドジムやゴールドジムを運営する株式会社ＴＨＩＮＫフィットネスの従業員である選手以外の一般社会人では、国内で唯一の契約選手になる。ゴールドジムの方針として、選手として契約する際には「社会人として仕事を頑張り、その上で競技にも力を入れている人物」であるとして選んでいただいた。ゴールドジム関連会社以外の契約選手制度は、僕以前には例がなく、今のところ他にいない。これからは契約する若くて立派な社会人の選手が出現するだろうが、そのときはしっかりとバトンを渡したい。

自信とともに慢心をもたらしたトップボディビルダーへの仲間入り

2004年は、念願のジャパンオープン優勝を収め、勢いそのままに日本選手権でも初出場で6位入賞を果たした。月刊ボディビルディング誌によれば、この年の「ボディビル界MIP（モスト・インプレッシブ・パーソン）＝一番印象に残った人物」に選出されたらしい。まあ、特に賞状や盾を贈られることはなかったのだが。

傍目にも、佐川急便で働きながらコンテストに無理やり出場して頑張っていたときに比べると、明らかに違う体に見えたということだろう。佐川急便時代に出場した2003年の日本クラス別選手権やジャパンオープンでは「小さくなった」とささやかれていたのは承知している。カタボリックな生活環境で筋肉を削ぎ落としながらトレーニングし、減量していたのだから、小さくなったことは自覚していた。

月刊ボディビルディングの2004年10月号には、得意のサイドチェストを決めている写真が表紙に採用された。毎月愛読している雑誌の表紙に、まさか自分の姿がドーン！と載るとは、感激だ。思わず、用もないのにゴールドジムへ行く前に本屋の様子をうかがい、買う人がいないかチェックするくらい、うれしいような恥ずかしいような、不思議な感覚だ。今までも記事を掲載していただいたことはあるが、表紙はこれが初である。

ちなみに、ビデオではマッスルメディアジャパンから『RUSH』という単独ビデオを27歳のときに製作していただいた。こちらは店頭には並んでいないので、自分で売れているところをのぞき見することはできない。この作品には、エクサイズ・トレーニングスタジアムで柏木さんに補助してもらい、名古屋市営の中村スポーツセンターでは中学時代に憧れた先輩と一緒にトレーニングする懐かしい姿が記録されている。また、脱色した茶髪でトレーニングをする若き日のジュラシック木澤を見ることができる。いずれにしても、このように注目していただき、記事や映像作品になるというのは、それだけ自分のやることが認められているという感覚になり、とても励みになる。

さて、初出場で6位に入賞できた日本選手権の後、すぐに翌年に向けての計画ができ上がった。2005年に表彰台へ上り、2006年には優勝するという計画だ。こういうのを絵に描いた餅、取らぬ狸の皮算用というのだろう。非常に考えが甘く、現実を見据えていない。このくらい楽観的に取り組んだほうが、案外いい結果が出る場合もあるのかもしれないが、そうはいっても世の中そんなに甘くはないのだ。

この頃は本当に無欲だった。ジャパンオープンで優勝したものの、自分が日本選手権という日本一のナチュラルボディビルダーを決める大会で、一体どこまで通用するのかが予想できずにいたからだ。だから、周りのメディアが期待を寄せてくれて「絶対に入賞します!」というようなコメントを求めていると感じても、「来年に向けた課題が見つかればいいという気持ちで出場します」などと、優等生的な模範解答をするに留めていた。しかしながら、実際に6位という順位がつくと、「なんだ、結構いけるじゃん。これならすぐにタイトルが獲れるかも」というような超甘い見立てが生まれてしまうのだ。

さらにこのときは「何がなんでも2005年は3位以内に入る。実際、優勝までは2年かかると見ていた」とインタビューで語っている。別のインタビューでは「1年では無理だと感じるが、2年あれば何とかなる」とも。2003年から2004年にかけての体の回復が、よほど劇的だったのだろう。実際にそうではあったのだが、それが無計画的に見える計画として見え隠れしている。

2005年の日本クラス別選手権では階級をひとつ上げて90キロ以下級に出場しようと考えた。「環境が良くなり、これだけ進化できたのだから、もっと仕上がり体重を増やせるだろう」という読みからだ。もちろん厳しい仕上がりで90キロ以下級にして出場しようという試みである。今となっては、意気込みだけは評価したい。

こういう気持ちになれるのは、やはり体がものすごくいい反応を続けていたからに他ならない。筋肉の反応も、大会時の仕上がりも、前年に比べて格段に進歩しているのが、2004年はヒシヒシと感じることができていた。このときのように自信を持って語ることができれば、毎年、毎回大会に出るたびに「ここが違うんだぞ！」という場所を自ら示すことができれば、常にMIP（モスト・インプレッシブ・パーソン）として注目され続ける存在になれるだろう。そもそも毎年インプルーブしていることが自覚できていれば、それが自信につながる。

では、そう思うだけでなく具体的にはどうしたのか。2003年から2004年にかけてのオフは食事量を増やしていたが、内容的には普通の食事を摂っていた。普通の食事というのは、普通の人が食べるような食事という意味である。この頃は、減量に入ればもちろん減量食に切り替え、毎食ツナ缶や卵白などのたんぱく質をきっちり摂るようにしていた。2004年にジャパンオープンで優勝、日本選手権で6位に入賞した後は、オフのバルクアップ期でもたんぱく質をきちんと摂るように心がけた。具体的には、昼食のときにたんぱく源をしっかり摂り、その上で好きなものを食べるという方法だ。

それに加えて、自分にとっては画期的だと感じているのは、ジャパンオープンで優勝した後にタバコをやめたことだ。減量期間中はストレスが多いので、きっとやめられないだろうと想像していた。ところが、「ちょっと吸わないでおこうかな…」と思い、しばらく吸うのをやめてみると、そのまま違和感なくやめられたのである。今にして思うと、タバコを吸い続けていたこと自体が驚きだ。

ちなみに、お酒は飲まない。体質的に体が受け付けないからだ。アルコールが入ると顔がパンパンに腫れて、すぐに気分が悪くなる。だからといって、酒の席を毛嫌いすることはなく、きちんと付き合う。そういう大人の付き合いは、できる人間なのだ。

2004年に好成績を収められたことで、日本のナチュラルボディビルシーンで頂点を狙うスタート地点にようやく立てたことを実感できるようになった。少し甘い目標にたどり着いたのは不安材料かもしれないのだが、そのときの僕はそんなことにはまるで気づかずにいた。

鬼コーチはもうひとりの自分
あふれる情報に惑わされず、自分の頭で考えろ

僕は若い頃、中学や高校時代は特に無愛想で、どちらかというと引っ込み思案な性格だった。人に気軽に話しかけたり、すぐに打ち解けたりするのが苦手である。今とは随分違うので、驚く人もいるかもしれない。そういう性格が災いして、ジムに筋肉の大きな憧れの人がいても、その人にトレーニングの方法やアプローチを聞くことができずにいた。それでだいぶ損をしたのかもしれないが、逆にそれが良かったと思える部分もある。教えてくれる人がおらず、我流で突き進むしかなかった。ねちっこく粘ることを体で覚えたのは、そういうところから来ていると思うのだ。

ありがたいことに、さまざまなメディアの影響で、僕に憧れてトレーニングを始める若い人が増えているようだ。最近では、ジムでトレーニングをしているときにそのような若い人を見つけると、こちらから近づいて話しかけるようにしている。これは僕個人の考えだが、身近になればなるほど彼らのトレーニングの質は上がると思うからだ。

人間は誰でも憧れの人のそばにいるだけで、その人のパワーを吸収できる。「憧れ」というのは純粋な気持ちからくるもので、憧れたものに近づこうというパワーは何物にも代え難く、精神的な大きな力になるは

ずだ。僕自身、何歳になっても、心の中にひとつでもいいから「憧れるもの」を持っていたいと思う。

今の世の中には、ものすごい量の情報があふれている。自分でもYouTubeチャンネルを運営しているからこそ感じるのだが、情報はとても手軽に公開することができる。逆にいうと、あまりに手軽すぎるかもしれない。その過程には、検証や裏付けというものが簡略化されている場合も多々あるだろう。たった今スマホで録ったものを、秒でアップできる時代だ。

あふれ返る情報を瞬時に手にできるSNSから、トレーニングのテクニックを学ぶ人は、年齢を問わず数多く存在する。皆さんの探している情報が、「いかに効率良くトレーニングするか」、つまり「最小限の努力で筋肉をつけるか」ということになっていないだろうか？　それはどうなのだろうかと少し疑問に感じる。

「昔は良かった」と口にした瞬間に、オッサン化は始まる。そんな言葉を発さずとも、50歳を過ぎた僕は間違いなくオッサンだ。オッサンだから言うわけではないが、僕がトレーニングを始めた頃は、SNSは存在していない。携帯電話もないし、インターネットもない。テレビはあるが、コンピューターはまだ普及していない時代だ。筋トレに関する情報は、月刊ボディビルディングとジムにいる諸先輩方だけが頼り。引っ込み思案の僕は、先輩に積極的に話しかけられないので、その分、情報も少なかった。それでも、先輩たちは僕の気持ちなど無視して話しかけてくださったのだが。どうであれ、自分で考えながらやるしかなくて、それが良かったと思う。

最初に直感で確信したのは、筋肉を最大限に発達させるには徹底的に追い込み、「もうできない」というところまでクタクタになれば間違いないということだ。そのときに「効率的にやろう」と、無駄なく鍛える方法を模索していたら、おそらく迷宮に迷い込んだことだろう。高重量か低重量か、はたまた低回数なのか高回数なのか。筋発達を促すトレーニングとは、ハードであって然るべきだという考えは、今も僕が基本としているところだ。

自分によく問いかけることがある。「楽をしたいからいろいろな理論が気になっていないか？」と。自分のトレーニングに迷いを感じることがあれば、「より効果のあるトレーニングを探して迷うのか、より楽なトレーニングを探して迷うのか」。そもそも楽に筋肉がつくトレーニングなど、この世には存在しない。ないものねだりを、今の人はＳＮＳに求めているのではないかと危惧してしまうのだ。

トレーニングを始めた頃から、僕の頭の中にはもうひとりの自分がいる。もうひとりの自分は鬼コーチだ。「はい、あと2セット！」「もう1回挙げろ！」「今、まだやれたんじゃないのか？」と常にハッパをかけてくる。木澤鬼コーチはいまだに「もう、そのくらいでいいよ」と言うことは一度もない。そう言うことがあったとしても、自分が「いや、まだまだ！」と言い返せればいい。もし「もういいよね」と同意するようになったら終わりだ。木澤鬼コーチが、ジュラシック木澤を日本チャンピオンに育て上げてくれた一番の功労者なのである。

トレーニング方法やフォームは明日からでも変えられるが、トレーニングに対する姿勢は、急には変えられない。トレーニング中はとにかく自分と向き合い、そして自分に嘘をつかないことだ。そうすれば必ず体は変わる。

「ハードに追い込め！」みたいなノリになってしまったが、僕はただハードにやるだけのトレーニングも、無理やりハードにやるような体育会系のトレーニングも嫌いだ。誰もが好きでトレーニングしているはずなのだから、トレーニングを頑張ることで得られる幸せを実感してほしい。もちろん体が変わるというのは最大の喜びだが、より身近なものだ。例えば、頑張った後の達成感、食事がおいしく食べられること、お風呂の気持ち良さ、ぐっすり寝られることなど。頑張った分、リラックスできる時間を楽しめば、また頑張れる。

よく「プロでもないのに、よくそれだけ頑張れるね」などと言われるが、そんなことは考えたこともない。大会があるから頑張るわけでもない。気持ちがいいから、その分だけ幸せな気持ちになれるから、頑張るのだ。そもそも、好きでやっているのだから、頑張っていると考えるほうがおかしい。トレーニングをして「俺はこんなに頑張っているんだ！」と考えるのも、どうかしている。趣味で、好きなことをしているだけのはずだ。つらい、キツいと思ったならやめればいい。トレーニングというのはそんなものだ。命をかけてやるようなことでもない。

それでも僕は35～36年、トレーニングを継続している。これは実に深い問題だ。トレーニングにはそれだけ中毒性がある。そして、やめられない魔力がある。しかし、トレーニングで幸せな気持ちが得られ、さらには究極のアンチエイジングとなるのなら、これほど最高のものはないのではないだろうか。そんなことを思いながら、今日も鬼コーチとの対話を楽しみながらトレーニングしてしまうことだろう。

ジュラシックというニックネーム由来はオリジナルのあのポーズ

「ジュラシック木澤」というニックネームの名付け親は、月刊ボディビルディングの編集長を務めるBenさんこと鎌田勉さんだ。2004年の日本クラス別選手権85キロ以下級に出場した際に取ったマスキュラーポーズが、1993年公開のアメリカ映画『ジュラシック・パーク』に出てくるティラノザウルスに似ていることから命名された。

ジュラシックという呼称が初めて登場するのは、その日本クラス別選手権のレポートが掲載された月刊ボディビルディング2004年10月号だ。「ジュラシック木澤、相川を追い詰める」という見出しで始まる。今からでも自己紹介には「ジュラシック歴20年」と付け加えたほうがいいかもしれない（笑）。

大会リポートでは「木澤は一階級上げながらもまずまずのコンディションを披露。その怪物じみたバルクもあいまってインパクトでは相川を凌いでいたと思う」と講評していただいた。他のクラスは、どれも優勝者の単独写真でリポートされているのに対して、85キロ以下級は優勝した相川浩一選手と僕のマスキュラーポーズ対決の写真が大きく掲載されている。相川選手単独の写真は、このページにはない。月刊ボディビルディング誌、あるいはBenさんの期待の大きさがうかがえるレイアウトだ。確かに2004年は、この大会でのインパクトが大きく影響し、その後のジャパンオープン優勝、さらには日本選手権6位入賞につなげられたと思う。ボディビル界にも、そしてジュラシック木澤史においても、大きな転換点の年だった。

その少し後になるが、2010年の月刊ボディビルディングには、このような記事がある。「木澤大祐の〝ジュラシック〟というニックネームは、その体型もさることながら〝ジュラシックポーズ〟と称されるマスキュラーポーズによるところが大きい。大胸筋を強調する一般的なマスキュラーポーズとは異なり、バスキュラリティあふれる僧帽筋と肩、上腕を強調したポーズだ」。また、よく「顔より太い首」などとも言われていた。少し独特なマスキュラーポーズをとっていたために、〝ジュラシック〟のニックネームを頂戴したことになる。Benさんは今でも僕のことを、愛情を込めて〝ジュラ〟と呼ぶ。決して〝ジュラシック〟とは呼ばない。

日本ジュニア選手権で優勝したときの写真を見ると、左右のこぶしをお腹の前で合わせた、きわめて普通のマスキュラーポーズをとっている。また、時には片手を後ろに回すタイプのマスキュラーポーズをしていることもある。Benさんのいう〝ジュラシックポーズ〟とは、マスキュラーポーズでも左手で右手の手首を押さえるタイプのもので、確かに僧帽筋と肩がものすごく強調される。

このポーズは、バルクでは誰にも負けない自負はあるものの肩幅が狭く、なで肩なので、それをごまかしつつ、なおかつ迫力のあるポーズをとるために試行錯誤した結果、生まれたものである。僧帽筋から首まわりにかけて、ものすごいバスキュラリティを感じさせることができる。バスキュラリティとは、うねった図太い血管が浮き上がり迫力満点になることだ。僕としては、このマスキュラーポーズにそれほどのこだわりはなく、ティラノザウルスでもT‐REXでも、とにかく巨大で迫力満点の肉食恐竜のようにポーズがとれればそれでいいと思っている。

ところが、このポーズに異を唱える人物が現れた。ボディビルのメッカであるアメリカ・ロサンゼルスで長きに渡り本場のボディビルを見てきた、岡部みつるさんだ。みつるさんには、２０１１年にゴールドジム渋谷店でゴールドジムのコマーシャル写真撮影をして以来、事あるごとに撮影していただいている。僕のホームページでアイコンに使用している写真も、みつるさんが撮影したものだ。２０１３年には株式会社近藤の仕事に密着していただき、そのときにうちに泊まってもらってからは家族ぐるみの付き合いになっている。ご存じの方も多いだろうが、２０１７年のジュラシック木澤チャンネル（ＹｏｕＴｕｂｅ）立ち上げ当初から、僕が現役を引退した２０２４年の日本選手権までの間、動画撮影と編集も担当していただいた。

そのみつるさんが「そのポーズ、変だよ！」と言うのだ。なんなんだ、一体！

みつるさんいわく、右手のこぶしが下を向いているので、力のベクトルが下向きになり、気が全部下に逃げるらしい。僕にはよく理解できなかったが、左右のこぶしをお腹の前でしっかり合わせろと言う。そうすることで、すべての気が体にみなぎるのだ、と。アメリカに20年も住んでいたという割に、この解釈は東洋医学のようだ。そういえば僧侶のような見た目だし、そっち系の人なのか？　逆らうことで変な呪いをかけられたら困るので、いうことを聞くことにした。そもそも僕は、目上の人には従うタイプだ。18歳で大会に出たときもそう。というわけで、独特の〝ジュラシックポーズ〟はみつるさん指摘されたことを機に封印された。

先にも後にも、僕と同じように右手のこぶしを下に向けるマスキュラーポーズをとる人はいないと思う。もっとも、僕が重視していたのはそこではない。いかに迫力あるポーズで周囲を圧倒するかということに主眼を置いていたから、手の向きは気にもしていなかった。

〝ジュラシック木澤〟という名前がボディビル界を飛び出して世間一般でも聞かれるようになったのは、なかやまきんに君がジュラシックアカデミーで脚トレをしたことがきっかけではないだろうか。そのときの動画は、再生回数がものすごいことになっている。あるいは、オードリーの春日俊彰さんがネタの一部に取り入れてくれたこともあるのかもしれない。ミルクボーイの駒場孝さんも、ネタにガッツリ〝ジュラシック木澤〟を入れてくださっているので、SNSでかなりの再生回数を稼いだようだ。余談だが、駒場さんは僕が留守の間に、わざわざジュラシックアカデミーに足を運んでくださり、Hall Of Fameにサインだけして帰られた。駒場さんは、M-1で優勝する前年に挙式を挙げており、その際にゲストポーズをさせていただいた仲だが、翌年にM-1で優勝してからは連絡がつかなくなってしまった（笑）。

自分が有名になりたいなどと思ったことは一度もないが、〝ジュラシック木澤〟という名前が「ナチュラルでつくり上げた筋肉の男」として、ボディビルを少しでも一般社会に知らしめる一因になったら、とても誇りに思う。

トレーニング中心の生活でもメシが食える
誰もが憧れるボディビルのプロ輩出を目指して

大谷翔平選手のメジャーリーグでの活躍が、日々メディアを賑わせている。海外に目を向けるまでもなく日本国内でも、社会人や学生で活躍している人が、プロ野球選手を目指すのは至極当たり前だ。僕も、若い頃にはプロゴルファーに憧れた時期があった。すべてのスポーツにプロがあるとはいわないが、メジャースポーツにはアマチュアで切磋琢磨した先に、それで生活が成り立つプロの世界というものが存在する。ボディビルにも「プロ」と呼ばれる世界が、あるにはある。しかし、ボディビルの場合は「アマチュアの先はプロ」という単純な話ではない。アマチュアとプロの間には、非常に高い壁が存在する。

その昔、まだ何も知らない僕は、海外の選手を見て「すごいなあ」と感心していたことがある。愛読書である月刊ボディビルディングにも、外国人のプロ選手の話はよく出ていたし、ＪＢＢＦの大会にも多くのプロボディビルダーがゲストとして来日した。僕がトレーニングを始めたばかりの頃、自宅で腕立て伏せや10キロの鉄アレイと格闘するときには、必ずアーノルド・シュワルツェネッガーの出ている映画『コマンドー』を観ていた。アーノルドはプロボディビルの最高峰であるミスターオリンピアで7回優勝しているボディビル界の英雄だ。ＪＢＢＦのホームページでも、ボディビルに関する説明で登場する。

だが、時代は変わった。僕が2024年まで選手登録していたJBBFには、「プロ」のカテゴリーは存在しないが、今は日本にもプロとして活躍する、あるいは活躍していなくともプロ資格を有する選手が40～50人近く存在する。

ただ、プロだからといって、団体から銀行口座にお金が振り込まれるわけではない。海外ボディビルの取材歴が長い人の話では、プロでもそれなりに苦労があるようだ。では「プロ」とは一体なんなのだろうか。

プロと聞くと、賞金のある大会に出場して、いわゆる「賞金稼ぎ」をして暮らしているようなイメージがあるが、実際はそうではない。いくら獲得できるかわからない賞金は、あくまでもボーナスのようなもので、多くの場合は自身を商品と見なし、価値を見いだした企業の広告塔として契約したり、ブランドを立ち上げて商品を販売したりする。つまり、自身を基盤とした商業活動が許されるということだ。そこがアマチュアとの最大の違いだ。

JBBFでは、登録選手が勝手にテレビなどのメディアに出演することは、原則禁止にしているし、出演料もまずはJBBFに納められた後、選手強化費を差し引いた額が選手に支払われる。選手のエージェントを競技団体がするような形だ。これは、JBBFの選手がアマチュアであることからの措置でもある。

日本にもJBBF以外にナチュラルボディビルを謳う団体はいくつかあり、そのなかには「プロ部門」が存在する団体もあるようだ。コンテストを主催している団体がプロと規定すれば、それがすなわち「プロ」ということになる。ナチュラルであるかどうかは、その団体の規定やモラルによるというのが現状だ。

常々感じていることだが、ナチュラルボディビルダーとして生涯コンテストに出場しながら、アマチュアの先にプロという目指すべきステージがないことは、このスポーツの残念極まりない点だと思う。

そういう状況をなんとか打開できないかという思いで開催にこぎ着けたのが、「ジュラシックカップ」だ。2024年の第2回大会では、ドーピングテストを導入したナチュラルのアマチュア大会でありながら、優勝賞金300万円、総額600万円の賞金を出した。僕のエクサイズ・スポーツクラブ時代の年収が240万円だから、それよりもはるかに多い。

これだけの賞金を可能にしたのが、数多くの協賛企業からのスポンサー料である。「アマチュアボディビルダーでも生活できることを具現化したい」という僕らの考えに賛同してくださる企業の皆さんの力だ。その最たるものが、ジュラシックカップなどでもメインスポンサーを務めていただいている、名正運輸株式会社さんとのコラボ企画「筋トレ採用」だ。僕は旧態依然としていた頃の佐川急便で、地獄のような労働環境下にありながらも大会に出場し続けた。その後も、株式会社近藤で肉体労働を続けながらナチュラルボディビルダーとして、日本のトップを目指して精進し続けた。決して、それをそのまま引き継いでもらいたくはないので、トレーニングすることを優遇してもらえる就業環境のドライバーを育成する企画として、名正運輸さんとコラボさせてていただいている。

また、現在は僕のYouTubeチャンネル主導で、新しい企画も考えている。それが「ナチュラルボディビルダーとして日本一を目指すスター発掘！」だ。ジュラシックアカデミーを中心に完全バックアップ態勢を構築し、ナチュラルでボディビル日本一を目指しながら、競技中心でも生活ができるようにする。要するに、「プロ」に近い形で活躍できるようにしていくという構想だ。

僕の考えるプロとは、ボディビルをすることで恒久的に生活できるようになること。それは単純に筋肉がバケモノのように大きければいいというものではない。トレーニーたちが、そして街中の子ども達が目指せるものであるべきだ。「あの人カッコいいね」「あの人みたいな体になりたい」「あの人、稼いでいるね」と誰もが目標にできるアイコンをつくり出したいと強く思う。それが、ナチュラルボディビルダーとして日本一、そして世界一にさせていただいた僕の、次世代に渡すべきバトンだと信じている。

トレーニングだけしながら生活できる環境。本当の意味でトレーニングだけというのは無理だろうが、少なくとも脳筋などとは呼ばせない、しっかりとした生活基盤につながる何かを創設できないか、模索中だ。

42歳まで肉体労働をしながら、ナチュラルであることを貫いて競技ボディビルを継続してきた。正直、つらいことも多くあったが、それらを乗り越えて踏ん張ることで、今がある。後進の選手たちに、同じ思いはさせたくない。決して楽な道をつくるつもりはないが、僕の経験を少しでも活かせたらと取り組んでいる。

気づけば、周りには本当にたくさんの支えてくれる人がいる。これは長きに渡りナチュラルボディビルをやり抜いてきたことを認めてもらえたからではないかと思う。瞬間的な人気に乗じた応援ではなく、長い間、僕のことを見守ってくれた人や企業が支えてくださり、そしてファンがいてくださる。感謝の気持ちを込めて恩返しをしたいので、今後発信していくことに皆さんもぜひ注目していただければと思う。

半人前の幼稚さが信じ込ませた合戸孝二選手＝ユーザー

合戸孝二選手を初めて見たのは、１９９０年代の終わりか、２０００年代に突入したばかりのエクサイズ・スポーツクラブの従業員として働いていた頃だと思う。エクサイズが愛知県ボディビル・フィットネス連盟の加盟クラブであることから、同連盟の理事になり、大会の裏方として手伝いをしていたことは既に話した通りだ。僕は24～25歳で、14歳年上の合戸選手が38～39歳だったはずだ。日本ジュニア選手権で優勝はしていたものの、東海選手権を制する前。愛知県外ではまだ知られていなかったと思う。もちろんジュラシックと呼ばれるより、かなり前の話だ。

一方で、合戸選手はものすごく伸びている最中の「時の人」で、それゆえゲストに呼ばれていた。２０００年には日本クラス別選手権75キロ以下級で優勝し、同年のジャパンオープンも制している。皆さんもご存じの通り、日本選手権で4回優勝しているが、初めて見たのは日本選手権を獲る直前、合戸選手が急激に成長を遂げている絶好調のときだ。

その急成長ぶりはすさまじく、日本クラス別選手権では、１９９７年に65キロ以下級で6位、翌年は70キロ以下級で愛知県のヒーローである廣田俊彦選手に次いで2位、またその翌年には75キロ以下級で田代誠選手に次いで2位。そして2000年には75キロ以下級で優勝と、1年ごとに階級を上げる脅威の発達を見せていた。仕上がり体重の推移から検証してみると、例えば65キロ以下級に出場したわずか2年後には、75キロ以下級に出場している。仮に、65キロ以下級時代にリミットの64・9キロで、75キロ以下級に出場したときには最低体重である70・1キキロで検量をパスしたとしても、2年間で5・2キロのバルクアップに成功している計算になる。本人に話を聞けば、おそらく75キロ以下級時代の仕上がり体重はより増しているとは思うが…。決して仕上がりが甘くないことは順位からも容易に想像できる。

そんな合戸選手が、裏方として働いていた大会のゲストに来てくれたのだ。

その頃は、ボディビルに嫌気がさして月刊ボディビルディングなどに目を通していなかったので、活躍している選手もろくに知らない。合戸選手に関しても、予備知識はなかったかもしれない。準備をするバックステージで「今日のゲストは静岡からだってよ」などという会話があっただろうか。そんなことはお構いなく、大会はどんどん進行していく。夕方近くになり、決勝審査も終了に近づき、選手ひとりひとりのフリーポーズが進行するなか、バックステージに、ジャージ姿の短躯ながらにやけにゴツい輩がいる。混み合うバックステージで、その選手の周りだけに空間ができている。中心に位置しているのは、ゲストの合戸選手だ。入念にパンプを進めていくが、ジャージを脱いだその瞬間、遠巻きにしていた選手からどよめきが起きた。

いよいよピルパン1枚になり、ステージに上がると、会場は割れんばかりの歓声が上がり、興奮の渦と化している。合戸選手もノリノリだ。そんななかで、僕の後ろにいた先輩の役員から「使うとああなっちゃうんだな…」という声が聞こえてきた。僕はアジア選手権に参加したときに、ユーザーの体というものを間近で見ている。「確かに…」という納得のため息まじりの相槌がつい漏れてしまい、その瞬間に僕のなかで合戸孝二はユーザー認定された。「合戸孝二＝クロ」。それが合戸選手の第一印象。「よく隠さずにここまでドーピングができるなあ…」と率直に感じた。

「狂気の男」というのは、マッスルメディアジャパンが制作した合戸選手のトレーニングビデオだ。狂ったような気で追い込む男である合戸選手独特の真理子夫人との二人三脚のトレーニングが収録されている。多分それを見たのだと思う。加えて、僕のなかでユーザーである合戸選手とは、ゲスト以降、しばらく接点がない状態だったが、日本選手権などに出場し始めると直接言葉を交わすことも増え始めた。そうすると、僕のなかで完全にクロだった「ユーザー・合戸孝二」が徐々に「合戸孝二＝ナチュラル」へと浄化されていくのを感じた。そしてある日「トレーニングでこれだけの追い込みができる選手なら、あれほどの筋肉があるのもまったく不思議ではない」と、完全なナチュラルボディビルダーとして尊敬できる存在へと昇華したのである。

合戸選手をユーザーと決めつけた目で見てしまったのは、僕がまだまだ精進できていなかったから。自分があのレベルに到達しなければ、薬を使ってそうなったのかどうかの判別は難しいのではないかと思う。「すごい人は使っている」と思う幼稚な部分が、自分のなかにあるのだ。あとはやはり、そのときの合戸選手は周りの人全員をそう信じさせるほどに、尋常ならざる筋発達をしていたということである。恐るべし、合戸孝二。

ある時期から、合戸選手が僕の頭の中に住み始めた。引っ越してきたというより、木澤鬼コーチの後任というイメージだろうか。毎回、トレーニング中に「大ちゃんはそんなもんなの?」とか「まだまだいけるよね?」なんていうふうに僕を煽るのだ。たまに木澤鬼コーチがカムバックすると「合戸孝二だったらもう1レップ挙げるだろうな…」とか「合戸孝二はもっと追い込んでいるぞ!」とハッパをかけてくる。同じ日本選手権で切磋琢磨する選手仲間として、同志として、尊敬し合える人となった。トレーニングでの苦しさやつらさ、苦労する部分、それからケガや故障についても、言葉にしなくともわかち合える、そんな間柄だ。トップ選手として長きに渡り活躍しているだけでなく、現在では静岡県、さらには日本の役員も務めているため、僕が知らないJBBFのさまざまな事情にも精通している。あらゆる面で助けていただいているのだ。

合戸選手は、現役選手のなかでは年長であることもあり、「合戸会」なるものがよく催される。合戸選手の地元は静岡県藤枝市。僕は隣の愛知県民ということで、そうした集いにはよくお誘いしてもらっている。そのように交流を重ねていくなかで出た話が、ジュラシックカップだ。

「何か後世に残ることがしたいね」「選手がメインになるイベントなんかいいよね」などと空想しているうちに構想が膨らみ、そこに企画や運営に長けたKENTOくんが加わって、2023年の第1回大会の開催にこぎつけた形だ。素晴らしい大会を一緒に主催できることを、僕は本当に誇りに思う。おそらく、合戸選手も同じ思いでいてくださっていると信じている。

嫌になるほど受けてきた気苦労も多いドーピング検査

生涯で出場したボディビル選手権はすべてＪＢＢＦ、もしくはその傘下の愛知県連盟主催の大会、またはＪＢＢＦの上部組織にあたるＩＦＢＢが主催・主管する国際大会だ。そして、それらはどれもアンチドーピングを掲げ、ナチュラルボディビルの普及に努めている大会ばかりだ。国内の大会は、ＪＡＤＡ（日本アンチ・ドーピング機構）の加盟団体としてドーピング検査も導入している。そもそもドーピングとは「ルールで使用が禁止されている薬物などを摂取して、アドバンテージを得ること」だ。これ以外に、ルールに抵触するさまざまな「方法」や、それを「隠蔽」することも違反となる。

ドーピング＝薬物使用に関しては、19歳のときに出場したアジア選手権で、トイレにアンプルや注射器が捨ててあるのを目の当たりにした。そして残念なことに日本でも、薬物摂取による違反者はいる。また、なかには意図しない「うっかりドーピング」もある。これは主に、海外製のサプリメントなどに禁止薬物となる成分が混入している場合が多い。いずれにせよ、これらを発見するために行われているのがドーピング検査だ。日本ジュニア選手権に出場した頃から、この検査対象となっている。ＪＡＤＡからも「こいつは使っているように見える、しかもかなり怪しいな」というお墨付きをいただいた格好か？　自分としては「日本代表くらいになると、こんなこともするんだ」と誇らしい気持ちになったのを覚えている。

その頃に受けていたのは競技会検査で、いわゆる上位入賞者が大会会場で指名されて受けるタイプ（時には予選落ちしたものの異常な筋発達をしている選手が対象になることもある）。2023年の日本選手権でも検査対象に選ばれたが、なかなか尿が出なくて苦労した。ボディビルでは、大会に向けて水分やカーボの調整をする関係で、体がカラカラに渇いたスポンジのような状態になる。そのため、どれだけ水分を飲んでも、それらがすべて体中の筋肉などに吸収されてしまい、尿がまったく出ないことがある。そのときがそうだ。出待ちしてくれているファンの方々がロビーにものすごく多く待機していてくれて、申し訳ない思いをさせた。結局そのときは、検査終了までに2時間を要した。

競技会検査のほかにも、テストプールという抜き打ち検査の対象者に指定されていたこともある。これは日本選手権に出場し始めた頃から2022年4月まで続いたので、17〜18年間ほど対象者に指定されていたことになる。ジュニアの頃に既にドーピング検査を受けていたことも考えると、大会出場歴31年に渡って検査対象になり100回とはいわないまでも、相当な回数の検査を受けている。そして、一度も検査結果が陽性と出たことはない。使っていないのだから当たり前だが、そのためには気苦労も多くある。

まずは「うっかりドーピング」を避けるために、普段口にするすべてのものに配慮する必要がある。サプリメントに関してはゴールドジムのサポートを受けていたので、ゴールドジム製品がメインのため、これに関しては100パーセント安全。そのほか、体調が優れないときに痛み止めや風邪薬などを気軽に服用できない。かなりの注意が必要だ。基本的に使用しても大丈夫かどうかは、ＪＡＤＡのホームページで簡単に調べられるので、そこで確認する。漢方薬には結構要注意な物が多いので、絶対に口にはしない。

それよりも厄介なのが、居場所情報の登録だ。テストプールから離れる数年前には、登録がアプリでできるようになったので、不便さはかなり解消されたが、開始当初は非常に厄介だった。抜き打ちの検査をするため、ＪＡＤＡに「何月何日はこんな予定で、何時頃はどこにいる」という予定表を、３ヶ月分に渡り提出しておかなければならないのだ。通信方法はファックスというのが、非常に厄介な原因である。

例えば、ジュラシックアカデミーで普通に働いていたとしよう。1日に6～7本ほどのパーソナル指導をしている。大会前で疲れがたまってきているようなときに、最後のクライアントさんから連絡が来てキャンセルになったとする。「早く帰って少しゆっくりできるな」と思っても、ＪＡＤＡに対して最終の時間まではジムにいると報告している場合、移動ができないのだ。もしＪＡＤＡの検査員が来たときに「いない」となると、ペナルティが発生する。ペナルティ3回で規則違反とみなされ、制裁が課される。僕は2回のペナルティを喰らっておりリーチがかかっていた。鈴木雅選手もやはりテストプール登録選手で、２回のペナルティを喰らい、危うく違反になりかけたことがあるそうだ。日本の近代ボディビル史において偉業といえるＩＦＢＢ世界選手権の男子ボディビル80キロ以下級で優勝したチャンピオンがペナルティで制裁されることになれば、まったく笑えない。

僕はこの検査の精度を極限まで上げて、すべての禁止薬物を検出可能にしてもらいたいと常に希望していた。

なぜかというと、何度受けて陰性でも「検出できない薬品を使っている」などと噂されるからだ。ちなみに、これまでに数えきれないほど検査対象になっているが、その結果はＪＡＤＡから一度も聞いたことがない。陽性反応が出ると、反論の機会が与えられ、また処分に関する通達のために連絡がくるのだが、陰性の場合には「陰性でしたよ」という連絡がないのだ。こちらも多大な負担を強いられながら協力しているのだから、そのくらいの連絡はくれてもバチは当たらない気がするのだが…。ＪＡＤＡもＪＢＢＦも陽性者の発表はするが、さまざまな事情から陰性者の発表は行わない。アンチドーピングを謳っているのだから、「これだけ検査して、これだけ陰性でした」という発表が行われないのは理解できない。

「○○は検出されない」などという人はいる。正直、完全にナチュラルだと証明するのは、数え切れないほど検査を受けて一度も陽性になっていなくても、非常に難しい。つまるところ、自分にしかわからない、証明できないことなのかもしれない。「どう頑張っても、木澤のような筋肉を手に入れられない＝木澤は使っている」という思考回路なのだろう。

若い頃から、すごい人がいたときには必ず「その人の並外れた努力によってその筋肉はつくられた」と信じるようにしていた。もし「薬を使っているから」などと考えてしまうと、自分に都合のいい諦めになってしまうし、どちらにしても自分の成長にはつながらないからだ。筋肉は自分の才能だけで増やしていくのが、本来のボディビルの醍醐味。筋肉を薬物で手に入れることは、そもそも競技の本質を根底から覆すことだ。

その考えがブレたことは一度もないし、今後も絶対にない。

地元の名品でバルクアップ！オンもオフも欠かせない一品とは

２００4年10月の日本選手権で6位に入賞し、翌年4月にゴールドジムが名古屋にできるとは、なんて絶好のタイミングなんだと思う。日本選手権で優勝するためのお膳立てが勝手にできていく、くらいの気持ちだ。月刊ボディビルディング２００５年6月号にもかなり期待した記事を掲載され、「ボディビル界はお前に任せた！」とまで書いていただいた。2度目となる表紙も飾っているが、なぜかランボーが撃ちまくるM60機関銃のベルト給弾をかけて〝ジュラシックポーズ〟をとるショット。14歳の木澤少年が、自宅トレのときにいつも観ていたランボーに自分がなるとは思いもしない展開だ。夢はいつかかなうものなのか。30歳になったこのときの夢は、もちろん日本選手権での優勝だ。

まずはその足固めとして、6月末に香港で行われた東アジア選手権の男子ボディビル85キロ以下級に出場して2位に。そして、予定通りにクラスをひとつ上げて7月3日開催の日本クラス別選手権では90キロ以下級に出場し、井上浩選手に次いで2位に入った。絞り切って90キロ以下級、という思いでいたのだが、1週間前の東アジア選手権で85キロ以下級に出場していることを考えると、クラスを上げないのが正解だろう。しかしながら日本クラス別選手権では、エントリーの段階で出場する階級を指定しなければならず、その後の階級の変更は認められない。当日のコンディションで「今日は85キロ以下級にしときます」というのは、まかり通らないのだ。当時の目標は、毎年1階級ずつ上げていくという無謀なもの。井上選手は2000年頃から日本選手権ファイナリスト常連の、日本を代表する大型選手だ。2001年から日本クラス別選手権90キロ以下級を連覇しており、このクラスは井上選手の聖域と化している。だからこそ、井上選手に挑戦したいという気持ちもあったかもしれない。

そして、2005年10月2日に東京・江戸川区総合文化センターで開催された日本選手権では、前年同様の6位という成績。表彰台を目指して参戦したものの、上位陣の壁は厚い。前年に辛酸を舐めた合戸孝二選手が、4年連続で日本王者の座を死守していた田代誠選手と入れ替わる形で劇的な初優勝を遂げた。昨年の日本クラス別で戦った相川浩一選手は5位だった。

明けて2006年、31歳のオフは毎日のように、コンビニの駐車場で昼食をとる際には味噌汁代わりにカップ麺を食べた。少しでも体重を増やしたいという思いもあるが、単純においしいから食べていた。ブランドは愛知県民が愛してやまないスガキヤだ。

ボディビルダーのなかには、海外から情報を得てオートミールやベーグルを食べる人もいるし、日本食を食べる場合には米を主体としても、味噌汁までは飲まない人が多い気がしている。ボディビルダーの栄養素として、味噌汁はPFCのどこにも入る要素があまりないせいかもしれない。関係してくるのは塩分量くらいだろうか。決してグルメではないが、食事のときに味噌汁は欲しい派。特に具だくさんの味噌汁を食べると落ち着く。オフはもちろんだが減量期にも、トレーニング後の自宅でとる夕食には味噌汁をつける。お腹も心も満たされる、非常に好きなもののうちのひとつだ。

この頃から年に数本、ゲストポーズの依頼が必ず入るようになる。ゲストポーズはトップ選手にしか経験することができない。いわばステータスでもある。

まだボディビルを始めたばかりの頃、いろいろなところにゲストとして呼ばれる吉田のアニキを見て、自分もゲストに呼んでもらえるような選手になりたいと思い、トレーニングを頑張る時期があった。何かの大会で優勝するのではなく、ゲストに呼ばれることが一番の目標。大会に出場し始めた頃は、自分のことなどそっちのけで、その大会に来ているゲストのことばかり見ていた。選手であるゆえに、観客席から見るのとは比べ物にならないほど近くで見られるし、バックステージでゲストがパンプしているところも見ることができるのには興奮した。「頑張れば、こんなすごい体になれるんだ!」と感激したものだ。

初めてのゲストポーズがいつ、どこだったのかは記憶していないが、東海選手権で勝利した翌年、2002年8月11日に行われた愛知県選手権では、谷野義弘選手とダブルゲストをやらせていただいている。そのひと月前には山岸秀匡選手とポージングバトルをさせていただいたが、これは即興でゲストではない。

ボディビルをしていて良かったことのひとつが、このゲストポーズだと思う。ゲストの依頼で日本全国、もしかしたら47都道府県を訪ねたのではないかというほど、いろいろなところからお招きいただいた。地元の方たちとふれあい、現地の珍しい場所を紹介していただくこともあった。時には家族も同行して、自分で出かける旅行とはひと味違う体験をすることができた。

何より、ゲストとしてステージに立つことで喜んでいただけると、こちらのほうが大きなパワーをもらえる。この感触が非常にいいのだ。現役最後の2024年には、十数本ものゲストの依頼が舞い込み、それはそれで大変だったが、どこでも温かく迎えていただき非常に良い思い出となった。

2006年は、7月16日の関東選手権でのゲストを仰せつかった。ゲストポーズで使用する曲は、ボン・ジョビの『リヴィン・オン・ア・プレイヤー』。普段からよく聴くのは、B'zやサザンオールスターズ、今ではあいみょんなども含めた日本の楽曲だが、やはりゲストや自分が大会に出場するときのフリーポーズには洋楽を選択することが多い。同じボンジョビの『イッツ・マイ・ライフ』は、今ではなかやまきんに君のポージング曲として認知されているが、僕にとって一般クラスでの初タイトルとなる、2001年の東海選手権では、実はこの曲を使用している。なかやまきんに君を随分前に先駆けているのではないか、と自負している。

2006年のゲスト前日には、埼玉県のゴールドジムでセミナーもやらせていただいた。ゲストポーズが決まると、その前後にセミナーなどを行う〝抱き合わせ営業〟的なものはよく企画される。「せっかく来てもらえるのだから、ゲストだけでなくセミナーも！」という主催者サイドからの要望である場合が多い。ゲストを見ていただくだけでなく、セミナーでお話もさせていただくというのは、ボディビルの普及活動としては最も身近に感じていただける絶好の機会だと思い、精力的にやらせていただいていた。

同世代最大のライバル・下田雅人 同じバルク派として切磋琢磨してきた

２００６年7月30日に行われた日本クラス別選手権では90キロ以下級でついに優勝を果たした。「ボディビルは筋肉をつけてナンボ」という意識があまりにも強く、とにかく重いクラスに出場したいという強い気持ちの表れともいえる。ただし、このクラスで２０００年から連覇を遂げていた絶対王者の井上浩選手は、この年から新設された90キロ超級にエントリーしたため、王者不在での優勝だ。この時点で、僕の大会出場歴は13年、自宅でトレーニングを始めてから17年が経過。一応は、日本を代表するナチュラルボディビルダーとして認知されるまでに成長を遂げていた。

3度目となる日本選手権にも挑んだ。実はこの前の年から応援Tシャツをつくり、応援に来てくれる仲間に配るようになった。そのくらい、多くの仲間が応援に駆けつけてくれるようになったということだ。前年同様、目指しているのは当然表彰台。いや、初出場で6位になったときの「優勝まで2年」という見立て通りにいけば、優勝が目標ということになる。ところが、結果はまたしても6位。順位が下がらないことを良しと捉えられるような考えは、僕のなかには微塵もない。

この頃、一緒に戦い切磋琢磨していたのが、ホワイトハルクと呼ばれた千葉県四街道市出身の下田雅人選手だ。これまでライバルだと思って対峙してきた人は少ないのだが、そのなかでも自他共に認めるのが下田選手かもしれない。

下田選手は2001年の関東選手権でデビューし、75キロ超級でいきなり2位に入るポテンシャルを見せた。その翌年に、東京クラス別選手権75キロ以下級で優勝すると、その勢いで東京選手権（ミスター東京）も優勝候補として出場した。ところが、決勝審査（フリーポーズ）の直前に、控え室でベビーオイルを塗布しているところへ連盟役員が飛んできて、その役員から「時間がないから、とにかくそのまま舞台に出て！」と言われてポーズをし、決勝審査終了時点では1位。ところが、その直後にオイル塗布違反で失格となり、下田選手のミスター東京優勝は幻と化している。

下田選手は、そのときのことを「ボディビルの常識を何も知らなくて、まさか失格になるとは夢にも思わなかった」と述懐している。結局その後、ミスター東京では優勝には至ってない。こんな「天然」なところも憎めないのだ。

下田選手は、同じ年齢で身長も同じ、日本選手権では何度も戦ってきた間柄だ。僕は月刊ボディビルディングの2009年4月号に、表紙＋吉田のアニキによるロングインタビューを掲載していただいたことがある。その2カ月後、同年6月号には下田選手で、やはり表紙＋アニキによるロングインタビューが掲載された。自分だけでなく、ボディビル界全体が僕らをライバルとして取り扱っていた証拠だ。

初めての直接対決は、2003年のジャパンオープン。予選では僕が47ポイント、下田選手が45ポイントと、2ポイントリードされていた。決勝では逆転されて、僕が46ポイント、下田選手が47ポイントと、1ポイント差でリード。最終的には、下田選手の92ポイントに対して僕は93ポイントとなり、わずか1ポイント差で下田選手に敗れた。このときは非常に悔しい思いをしたが、同時に何か因縁めいたものを感じた。2004年にはゴールドジム幕張店で、腕トレバトルも敢行した。同年の日本選手権は、僕が6位であるのに対して、下田選手は8位に入賞した。

実は、僕らは非常に仲が良い。日本選手権の控え室では、いつも隣に陣取る。だからこそ、下田選手だけには負けたくないという思いも強かった。普段から連絡を取り合うわけではないが、年に一度だけ日本選手権で会うと、やはりトレーニングにすべてを捧げる同志として、わかり合えていたのかもしれない。そんな下田選手から2007年の2月頃にメールが来た。「今年の日本選手権では、絶対2人でファーストコールに立とう!」という内容だ。僕は約束が果たせるように、このオフは精進しようと誓った。下田選手とは、周囲から同じバルク派と言われて切磋琢磨するようになり、日本選手権で顔を合わせたときには「お前は今年、一体どれだけのことをやってきたんだ⁉」と正面から言い合える男で、常に刺激を受けていた。

日本選手権で連続して6位入賞するようになると、テレビに出演する機会も増えた。しかしながら、この頃はフィットネスブームがまだまだ到来していないという時代背景もあり、テレビのなかでのボディビルダーは「キワモノ扱い」。ビルパン姿で街角に立たされたり、真冬に裸でジェットコースターに乗らされたり、かなり失礼な扱いをされていると感じたことも多かった。僕はまだ若かったこともあり、「テレビに出られるだけでうれしい」という感情が先走り、笑い者にされても、できる限り引き受けた。今思い返せば、ボディビルダーとしてのプライドを持って仕事を選ぶべきだったと猛省するばかりだ。そもそもそういうことをやらせるほうに対しても、思い出すと怒りが込み上げてくるのだが、それを喜んでやっていた自分自身にも腹が立つ。

そんなこともあり、一時期はテレビの依頼はすべて断るようにしていた。それでも「ジュラシック木澤」という名前が街中で会話のなかに出たりすることが増えた。さすがに僕の耳にそうした会話が直接聞こえてくるわけではないが、あるときは身内が「電車内で隣にいた高校生が『ジュラシック木澤』について話しているのを聞いた」ということもあった。世間一般にも少しずつボディビルが浸透し始めていたのかもしれない。

ここ数年で、ボディビルダー＝アスリートとしての認知度が増してきたのか、メディアの僕に対する扱いは明らかに変化した。２０２４年の日本選手権に向けて、天下のＮＨＫが僕の引退試合に向けた調整を約１カ月間に渡って密着し、『サンデースポーツ』で特集を組んでいただいた。僕らボディビルダーをはじめとする「筋トレ大好き人間」の社会的な位置付けというものが、明らかに向上したと肌で感じる。

今の若い人たちは、僕らが20代、30代に過ごしていた状況とは、大きく異なる価値観、社会環境のなかで生きている。そしてそれを謳歌できる。そこに至るには、僕たちもそうだが、恥を晒して取り扱われて来た諸先輩方の功績があることは言うまでもない。日本選手権３年連続６位となった２００６年は、今思い返すと、そんなテレビ出演もよくしていた時代だった。

まさかの4年連続…嫌いになった数字の「6」

2007年。ジュラシック木澤32歳、ジムでのトレーニング歴15年、大会出場歴は14年に成長していた。この年はまず、6月24日に開催される日本クラス別選手権からスタートすることにした。出場するのは、適正クラスといえる85キロ以下級。そこで、手堅く優勝を収めた。このとき、僕に続いて2位につけたのが、その後に一躍頭角を表す鈴木雅選手である。

鈴木選手といえば、2010年から日本選手権を9連覇し、2016年には「日本人には無理だ！」と言われ続けた、IFBB世界選手権男子ボディビル80キロ以下級で優勝した日本におけるナチュラルボディビル界の至宝だ。当時は株式会社THINKフィットネスの社員で、ゴールドジム事業部のトレーニング研究所所長を務めていた。大会デビューから2年目の2005年に東京選手権（ミスター東京）を制しており、ポテンシャルの高さを垣間見せていた。このときが日本クラス別選手権初出場、しかも85キロ以下級で準優勝するとは、たいしたものだ。

この頃の鈴木選手はまだ「本気で絞っていない時代」で、サイズを残していた。僕は「若くて伸び盛りはいいな。自分もそうだったけど、まだまだサイズを残しても、その絞りじゃあ上位は厳しいぞ」と、口にはしないが、心の中で語りかけながら、若い未来のチャンピオンを見ていた。鈴木選手は、そんなことは既に承知していたのだが…。

そして、9月頭に中国・上海で行われたアジア選手権の男子ボディビル85キロ以下級に出場して5位に入賞。翌週の9月9日には、2004年に僕を覚醒させてくれたジャパンオープンのゲストという大役を仰せつかった。

このときのゲストは、今では信じられないほどの豪華さである。普通、ゲストポーズはひとりでその大役を担うものだが、このときは6選手がゲストに登場した。僕のほかには鈴木選手、2000年と2006年に日本選手権を制している谷野義弘選手、2005年・2006年の日本クラス別選手権85キロ以下級覇者の今中直博選手、同じく日本クラス別選手権90キロ以下級で2000年から5連覇した井上浩選手、さらに日本マスターズ選手権40歳以上80キロ以下級チャンピオンの片川淳選手、そして紅一点は2006年の日本クラス別選手権52キロ以下級を制し、同年の日本選手権では2位の今村直子選手だ。これは非常に珍しく、ゲストポーザー6選手でのポーズダウンも行われ、観客だけでなく選手も、そしてゲストの選手全員もおおいに盛り上がった。

この年の日本選手権は、10月8日に東京で行われた。3年連続6位という成績で迎えた4回目の挑戦、僕は正念場を迎えた。ファーストコールでの比較に下田雅人選手とふたりそろって呼ばれ、約束を果たすことができた。ただ、結果は下田選手が5位に躍進した一方で、僕はまさかの6位に終わった。

大会後の帰り道、僕は落ち込んだ。もともと順位に固執はしないタイプなので、4年連続6位という結果に対するダメージは、そこまでではない。それよりも下田選手に負けたことに落ち込んだのだ。当時は誰にも言わなかったが、自分のなかで行き場のないフラストレーションをためることとなった。

そもそもボディビル（競技）は、それほど好きではない。正直にいえば、競技としてのボディビルはむしろ嫌いだ。トレーニングが大好きでのめり込んでしまった結果、その先にボディビルという競技があるにすぎない。僕が欲しいのは、大会のタイトルではないのである。だから、一応「目指す」と公言はしているが、日本選手権のタイトルも実際のところ目標ではない。マスコミに聞かれれば「優勝を目指します！」などと返答するが、自分のなかでは、言うほどこだわりはないのだ。

僕の最終目標は「ナチュラルの限界」だ。それには終わりがない。いつかはバルクで他を圧倒し、その上で日本選手権でも優勝して、ミスター日本の座に着けたら最高だが、それもひとつの通過点。日本選手権に出場はするけれども、そのためにトレーニングしているわけではないというのが、この頃の本心だ。

トレーニングを始めた頃から「トレーニングさえしっかりやればいい！」という考えが強く、実際にそれで体を大きくしてきたし、他の要素には目を向けずに過ごしてきた。食事や休養、減量方法といった部分はおろそかにしていた。初心者のうちはそれでも構わないのだろうが、そういう部分をしっかりと詰めなければならないレベルに到達していた。日本選手権のようなトレーニングの猛者が集う場所においては、我武者羅にトレーニングを行うだけでは上には行けない。オンもオフも使用重量にこだわりすぎるあまり、重量を落とさないことがトレーニングの目的と化している部分もある。

トレーニングを始めた頃から我流で取り組み、チンニングを2時間行った後で背中の別の種目を行うというような無駄なことをしたお陰で、追い込む技術は誰よりも早い段階で直感的に習得できている。しかしながら、トレーニングのテクニックという部分では劣っていた。効率の良いトレーニングとでもいえばいいだろうか。そういうものを早い段階で伝授されている人は、おそらく無駄がないし、成長も早いのだと思う。ただ、「世の中に無駄なものなどない」と僕は思うし、実際に一見すると無駄に見える回り道をしてきた。誰よりも無駄を経験してきたのだが、それが今に続く道をつくったのだと自負している。

それにしても、4年連続6位という結果に、「順位」という意味において目標を完全に見失ってしまった。何をどうしたらいいのか、答えが見つからず苦しい日々を過ごすことになる。大会に復帰して以来、最もモチベーションを維持するのが難しかった時期ではないかと思う。かろうじて、トレーニングだけはなんとか続けているような状態だ。

この頃は、日本選手権の審査票には、木澤大祐の欄にあらかじめ「6」と印刷されているのではないかと真剣に思っていた。何をするにも、とにかく「6」という数字を見るのが嫌になった。「来年もまた6位なのだろうか…」と、6位以外の順位がつく自分を想像できなくなるほど、悪夢に苛まれる日々を過ごした。トレーニングにも身が入らないまま、オフの時期を迎えたのである。

人との絆に感謝し、精神的に成長できたあるファンとの出会い

2006年12月28日、木曜日。僕は当時流行していたブログを始めた。ブログはただ読んでもらうだけでなく、読者が質問などを送れるファンメールというシステムがある。始めてから1年半の間に誹謗中傷のファンメールが来たのは一度だけ。「ステロイドの調子はどうですか?」という他愛もないものだった（笑）。それに返事をしたかどうかは忘れたが、他のファンメールにはすべて返事をしていた。ふざけたものは皆無だったので、こちらも真摯に対応していた。

そのなかのひとつに、ある女性からのものがあった。「がんと闘って克服しました」という内容だった。しかもこの女性は、闘病をきっかけにトレーニングをするようになったのだという。そのうちにトレーニングにハマってしまい、やがて僕の存在を知ってくれたらしい。僕が出ているDVDや雑誌を入手して、トレーニングや考え方に共感して、ファンになってくれた。

ゴールドジム名古屋金山でトレーニングをしていることは、DVDを見ればわかるし、雑誌にも出ている。「今度、金山へ遊びに行くのですが、お会いできたらうれしいです」というメッセージが届いた。ほぼ毎日行っていたので無事に会うことができ、一緒に写真を撮ったりして楽しい時間を過ごした。

その女性は金沢の方で、それ以降、数カ月に一度くらいの頻度で金沢のトレーニング仲間と一緒にゴールドジム名古屋金山へ来ては、合同でトレーニングする付き合いが始まった。そうこうしているうちにトレーニングが上達し、非常に教えがいを感じた。そして、日本選手権には仲間の一員としてジュラシック応援Tシャツを着て、金沢の方々も一緒に応援に駆けつけてくれた。側で見ていると、病気を克服してトレーニングをしていることが本当に楽しいのだと感じられ、幸せが伝播した。

しかし、がんは本当に厳しい病気だ。ある日、「再発しました」という連絡が来た。闘病生活が再開したのだが、病気なので波がある。調子が悪いと抗がん剤治療で入院するときもあるが、調子が良くなるとトレーニングを再開する。彼女が名古屋へ来られないので、家族総出で金沢へ行くこともあった。彼女が通っている金沢のスポーツクラブで、セミナーなどを開催していただいたりした。金沢とは縁もゆかりもなかったが、彼女を通じて金沢のボディビルファンともつながることができた。

日本選手権では毎年応援してもらい、ものすごくパワーをいただいていた。僕のトレーニングや仕事など、がんと闘うことに比べればなんでもないことだ。トレーニングの苦しみからは、いつでも逃れられる。彼女の苦しみに比べたらないに等しい。なかなか順位の上がらない僕のことを、どれだけ応援に来てくれたことだろう。なかなか自分との戦いに勝てず喜ばせてあげられないことに、ただただ不甲斐なさを感じる時間が続いた。大会前には激励のメッセージをいただいたし、普段もトレーニングについての質問や、名古屋へ行く予定などを時々だがやり取りしていた。

そんなあるとき、珍しく連絡のない日が数カ月間続いた。いつもの岐阜のルートを回りひと仕事終えたコンビニで、朝食のおにぎりを食べようとしているときだった。僕の携帯にメールが届いた。彼女のお姉さんからだ。「今朝、妹が息を引き取りました」。メールの文面を見た僕は、トラックの中で泣き崩れた。何が起こったのか理解できず、そのまま随分と時間が流れた気がする。

連絡をいただいた翌日、金沢へお通夜に駆けつけた。お通夜の会場に着くと、葬儀壇には僕との写真が数多く並んでいた。「顔を見ていただけますか?」とご家族に促され、棺を開いていただいたとき、思わず呆然とした。僕のサインが入ったTシャツを着て安置されていたのだ。最期まで命をかけて僕のことを応援してくださる人がいたということを、アスリートとして誇りに思う。同時に、生きているうちに日本選手権で優勝する姿を見せられなかったことを、とてつもなく後悔した。生半可な気持ちでファンの方と接してはいけないことを、彼女から学んだ。この経験を経て、一見するとハードなトレーニングに追い込んでいるように見えたとしても、それは命をかけて闘う人の比にならないのだと自認するようになった。そして、自分を追い込むレベルが、さらに一段階上がった。

後日、訃報をメールで教えてくれたお姉さんから再び連絡をいただいた。「これからは妹の代わりに私が応援しますから、もう少し頑張ってください」。それからはお姉さんが日本選手権へ応援に来られた。年に一度、日本選手権が近づくと「応援に行きます!」という連絡をもらうことが何年か続いた。

ある年、お姉さんからのいつもの連絡が来ず、何かモヤモヤした気持ちのまま大会を終えた。それからどれくらい時が流れたかわからないが、ある日、姉妹のお母さんから手紙が届いた。「木澤さん、私、ひとりになってしまいました。実は上の娘もがんを患い、他界しました」という文面に、胸を締め付けられる思いだった。お母さんはシングルマザーとして姉妹と一緒に暮らしておられたのだ。

妹さんが通っていたスポーツクラブは、石川県野々市市にあり、V10という名前で運営されていた。現在はゴールドジムヴィテンののいち（フランチャイズ店）として営業している。これもまた、すごいご縁だと感じている。もしお二人が健在であれば、間違いなくゴールドジムヴィテンののいちでトレーニングを楽しんでいることだろう。天国にいるお二人に、なんとかそれを伝えてあげたい。お二人のことを思うと、今でも涙があふれてくる。

こんなにも自分を応援してくれるファンがいることを知る、稀有な経験をさせていただいた。精神的にも成長させていただいた。「ファンの方に支えられて」という言葉はよく聞くが、僕の場合はこのような経験をしたことで、とりわけファンの方との絆を大切にするようになった。

トレーニングがつらいことは、たしかにある。でも、まずはそれができる健康な体があるということに感謝しなければならない。つらいトレーニングに耐えられる体があることは、とても幸せなことだ。だから「トレーニングがつらいから逃げ出そう」などという気持ちになったことは一度もない。ハードにトレーニングできる体がある人は、とことんハードにトレーニングしてほしい。決して逃げずに！　筋肉をつけたいあまり、ドーピングなどに手を出して自分の健康を害することは、僕にとってはあり得ないことだ。

減量終盤に変化をつけて5年目の挑戦でついに6位脱出

2007年に4年連続の6位になったことで、「2008年も2009年もずっと6位なのだろうか?」と気持ちが萎えてしまい、モチベーションを保つのが非常に厳しい状態に陥っていた。トレーニングだけは続けなくてはならないと、どうにか続けている状態だ。

しかし、金沢の姉妹に出会ったことで自分の不甲斐なさを自覚した。「日本選手権の順位がどうした?」「命をかけて病気と闘う人に比べたら、なぜこんなことでクヨクヨしているんだ?」と心を新たにすることができた。そこからは気持ちを入れ替えて、少しでも順位を上げたいという気持ちになった。これはやはり「応援に駆け付けたい」と言ってくれた金沢の女性のために頑張ろうと思うから。元気づけるためには自分が頑張り、ひとつでも順位を上げることが恩返しになる。

2008年の日本選手権は、ただただその一心で臨むことになる――そう思い直してからのラスト3カ月は、自分ではこれ以上は思いつかないというほどに過去最高の強度、過去最高の頻度のトレーニングを敢行した。本気で日本選手権を獲りにいく。そういう気持ちで臨んだのである。もちろんそこには「2007年に上をいかれた下田雅人選手に負けたくない!」という思いがあるのも事実だ。

そのための作戦は「絞りの強化」。自分なりの分析において、下田選手に負けた理由はバルクではなく絞りだ。同じバルク派といわれて、筋肉の大きさや全体の筋肉量の多さが売りの下田選手なのだが、2007年の日本選手権で下田選手はかなり厳しい仕上がりで出場し、それが勝敗を分けたポイントだと分析できた。ならば、その上をいく仕上がりになればいいということだ。実に簡単なことではないのか⁉

そこで変化させたのは「減量しない日」を入れないということだ。10月の第1週に日本選手権が開催されるとすると、毎年6月の頭から減量に入る。約4カ月間、減量をすることになる。その期間は減量食を食べ続けるかというと、そうではない。1週間に1日は「減量をしない日」を入れる。チートデイと呼ぶ人もいるが、僕の場合は「チートデイ＝（人の目を盗んで）ズルをする日」ではなく、単に「減量しない日」だ。「ブレイク＝お休み」と呼ぶ人もいる。その日は食べたいものを食べる。そうすることで、減量期に皆が陥る停滞期をほとんど感じることなく減量が進むのだ。

2008年は「減量しない日」を最後の1カ月に限り廃止した。ラスト1カ月は減量食を食べ続ける、ただそれだけのことである。他の選手にしてみれば、何を言っているのかわからない話だろう。トレーニングは元よりそれ以外の有酸素運動の時間など、すべてにおいて特段の変化はない。しかしながらそれまでの経験上、このときの仕上がりは完全に未体験ゾーンに突入する感覚だ。ただ、それがステージに登場したときにどう見えるのかがとても不安である。

迎えた2008年10月5日、この年は大阪開催。JBBF最高峰の大会である日本選手権は、東京と大阪で毎年交互に行われる。1965年に関東の日本ボディビル協会と関西の全日本ボデイビル協会が大同団結したことを機に、この年から東京と大阪で隔年開催している。予選審査が始まってステージに出ても、自分がどう見えているのかわからず、に不安を感じたままだ。ファーストコールに呼ばれても心配は完全に払拭できないが、観客の反応や声援がいつにも増して激しく、そこでようやく「よく見えている」と実感できた。それでも、コンテストが中盤に差し掛かるまで気は抜けない。

このときの日本選手権でも、1年間目標にしていた下田選手との死闘は繰り広げられた。予選審査では両者共に23ポイントと同点。勝負を決めた決勝審査のフリーポーズでは、僕の23ポイントに対して下田選手は24ポイントで、最終的に僕は46ポイントで下田選手は47ポイント。勝負あり。順位は、ついに6位から脱出して4位に躍進した。下田選手は5位だ。

優勝は、日本選手権での勝利が3度目となる合戸孝二選手。2位が学生時代から日本選手権に出場する須江正尋選手。3位は2000年、2006年と日本一に輝いている谷野義弘選手だ。

しかし、このときの会場の雰囲気は今までと少し違った。「えっ！　優勝は木澤だろ?」「4位はないでしょう!」という空気感が伝播してきた。実際、ボディビル界で発言権のある重鎮と呼ばれるような人からも「良かったのに残念だ」などと声を掛けていただいた。それも、単なるリップサービスには聞こえないトーンで。自分としては減量終盤に変化をつけたことを思い返し、「あんなことで2つも順位が上がっちゃうの?」くらいの気持ちで、「そうなのか?」「そんなに良かったのかな?」程度に感じていた。

ごくまれに「ジャッジがいけない」「見る目がない」などと審査員を批判する選手がいるが、それはどうかと思う。基準をクリアするテストを受けて、ライセンスを所持した審査員がジャッジを行うのが、ボディビルという競技だ。人間がやることだから絶対に間違いがないとは言い切れないだろうし、そもそも正解など存在しない。しかし、そこに疑問を持ち始めたら、つまり審査員を信じられなくなれば、ボディビルという競技自体が成立しなくなるだろう。

審査の基準が気に入らなくて団体を移る選手も見受けられるが、それも同じだ。人間が審査することなので、どこかで主観が入り、審査員の好き嫌いが出ることもあるかもしれない。しかし、それもまた審査のうちだと思う。審査員を納得させて、満場一致の審査結果が出るような、圧倒的な体を見せられるように努力すべきだと思う。

僕は今まで、審査に疑問を抱いたことがない。審査に疑問を持つというのは、ある意味、自分が努力を怠ったにもかかわらず、自分以外のところに原因を求める、実に悪い傾向だと思う。

会場の雰囲気はどうであれ、4位に順位が上昇したことは素直にうれしい。これで僕を応援してくれた金沢の女性にも、胸を張って報告ができる。自分の努力は間違っていないと自信が持てた。4年間見続けた景色とはまったく異なる、新しい景色が見えたのだ。

しかし、この時点での日本選手権の自己最高位が、その後の自分を苦しめることになるとは思いも寄らなかった。

順位アップでますます高まる期待からとったバルクよりも絞りをとる作戦

2005年4月にゴールドジム名古屋金山ができるとすぐに会員になり、メインのジムとした。ゴールドジム名古屋金山はすぐに名古屋のフィットネス・アイコンとして認知され、多くの会員が集う場所となる。そのなかにはボディビルダーもたくさんいれば、大会に出るのではなく趣味でトレーニングされている会員さんもいた。会員さんひとりひとりにそれぞれの人生があるように、トレーニングの目的もさまざまだ。それでも同じジム仲間ということで、非常に和気藹々とした雰囲気のあるアットホームなジムだ。日本選手権に出場するのを応援してくれる人たちの輪もできていた。

会員同士でBBQパーティーやお花見、クリスマス会も多く催された。そのメンバーのなかに美容師をしていた、のちに妻となる女性がいた。まずは妻のお姉さんがエアロビクスのクラスをよく受講する会員さんに。そしてその後、妹である妻が自宅から勤務先である美容室までの通勤途中にジムがあるので、通うようになる。季節ごとの催しで顔を合わせるようになり、お互いに惹かれ合ったという感じだろうか。しばらく交際期間があり、2008年の日本選手権で4位に順位を上げたことが後押ししたかどうかは記憶していないが、その年の12月3日に入籍した。ちなみに、妻は地元である愛知の一般人でボディビルダーには一切興味がなく、どちらかというとボディビルダー＝怖いというイメージを持っていたらしい。

家族もできて心機一転、2009年シーズンに向けて始動した。4位になったことで、いよいよ頂点を目指す機運が高まる。自分自身もそうだが、それよりもむしろ周りがすごかった。周りというのは、ゴールドジム名古屋金山の皆をはじめとした、身内と呼べる人たちはもちろんのこと、より大きく見たときにはボディビル界全体といったほうがいいかもしれない。月刊アイアンマン2009年3月号には、マッスルメディアジャパンの織田正幸社長によるインタビューが掲載され、表紙も僕。このなかで織田社長は、まず「激白」として文章を立ち上げている。そして、2008年の日本選手権で印象に残る選手として「過去最高位まで上り詰めて王手を掛けた須江正尋選手」「近年では最も優れたコンディションで魅力を十分に発揮した井上浩選手」、そして「4年連続6位に甘んじていた〝大器〟木澤大祐の4位躍進」と、3名を挙げてくださった。さらに「木澤選手の評価は審査員、選手、関係者のなかでも非常に高く、準優勝した須江選手のインタビューで『控え室で彼を見た瞬間、一体自分は何位になるのか、という不安に駆られた』といわしめた」とまで書いていただいている。ちなみに、アイアンマンの表紙写真に起用されたのは、僕の単独ビデオ第3弾である『Ｊｕｒａｓｓｉｃ Ｗｏｒｌｄ』で撮影されたものだ。この年の5月頃にビデオの撮影が行われ、これもまた織田社長から寄せられる期待の大きさを感じることができた。

月刊ボディビルディングでは、2009年4月号に吉田のアニキによるロングインタビューが掲載されて、こちらの表紙も僕の写真が使われた。アニキからも「2008年の強力なインパクトから、今年は一気に表彰台頂点へという期待も大きいと思うよ」と書いていただいた。

どちらも「今年のチャンピオンは木澤大祐だ！」的な内容の記事で、期待の大きさがうかがえる。ブログのファンメールでも「今年は優勝ですね！」という内容の応援メッセージが山のように届く。これらをすべて受け止めるだけの器量は、僕にはまだ備わっていない。

第一に、２００８年の日本選手権に向けたラスト3カ月、それこそ死に物狂いで過去最高強度、過去最高頻度のトレーニングを敢行したが、同じようなトレーニングが継続できるのか、非常に不安になる自分がいた。

そんな不安をよそに、オフになると普通にトレーニングができて、いつもは寒い時期に起こるケガや痛みもなく、満足なオフを過ごすことができた。けれどもいよいよ減量に入るという頃になると、やはり周りからの期待というものをひしひしと感じるようになる。

周囲の大きな期待を一身に受けて僕は何をしたか？　絞りに傾倒した。

バルク派といわれて久しく、筋肉の大きさでこれまで勝負してきた。ボディビル＝バルク、迫力。それこそが自分のボディビルだったからだ。ところが、２００７年に絞りで下田雅人選手に負け、絞りに力を入れた翌年に4年連続6位の沼から脱出した。もはやバルクだけで押しても勝てないし、順位は上がらない。それなら絞りを極めるしかない――そんな迷宮に迷い込んでしまっていた。

まずは、いつも10月に行われる日本選手権に向けて6月から減量に入るところ、この年は日本選手権の開催が10月12日なので5月の中頃、すなわち1カ月ほど前倒しして、5カ月間の減量期間を設けることにした。

もちろん、その目的は昨年以上の絞りだ。

さらにトレーニングもガラリと変えた。オフには6分割で、休みも入れると7～8日かけて全身のトレーニングを回していたものを、7月下旬から4分割に変更した。4日続けてトレーニングしたら1日休み、また4日連続してトレーニングという形だ。変えた当初は、前回の筋肉痛が残りキツく感じられるが、徐々に慣れて高頻度でもハードにトレーニングできるようになる。減量期間中は体脂肪も減り、炭水化物を制限しているため、追い込みたくてもエネルギー不足で追い込めない感覚がある。身体的にはつらいので追い込めてる感覚になるが、実際のところ筋肉はそこまで追い込めていないと思う。そうした思いから、それを打破するためには頻度を上げて、全体の強度を高めようと考えたのだ。

扱う重量がそれほど落ちないので、頻度を上げても大丈夫だと感じて継続した。4分割にしたのでセット数は多少落ちるが、幾分落としただけで無理やり続けていた。そのために今までは3時間のトレーニング時間が4時間、あるいはそれ以上になる。有酸素運動も、今までは大会の1カ月前にしかやらなかったものを2カ月前から、40分を1時間にして、頻度も週に5～6回は行っていた。

そのトレーニングをさらに磨き上げて強化すべく、ラスト2カ月は2分割にも挑戦した。脚を含めた全身を、2日で回すのだ。今考えると、完全に狂っている。まったくトレーニングをしたことのない初心者ならいざ知らず、トレーニング歴17年のボディビルダーが行うメニューではない。

とにかく筋肉痛も何も無視して、狂ったように自分を追い込んだ。

追い込みすぎた結果、精神は崩壊
周囲の期待を裏切り絶望に暮れた

２分割法に挑戦しながら減量は進み、日本選手権ひと月前の９月半ばには、順調に昨年同様の仕上がりに進んだ。体重は83キロ。このときに落ち着いて一度立ち止まり、しっかりと先を見据えて計画を立てるべきだったが、とてもそんな余裕はない。

残り１カ月でこのまま進めていくことにした。ただし、どこまで絞るという具体的な目標はなく、ただ漠然と「いけるところまで」という気持ちでいた。減量が難しいのは「どこまで」というのが非常に見極めづらいこと。ある意味「いけるところまで」というのは、誰もが陥りやすい落とし穴だ。「やめどき」というのは得てして、大会終了後に「あのときに緩めておくべきだった」とわかることが多い。このときがそうだ。このときの僕は狂っていて、制御が効かなかった。

それから２週間ほど経過し、日本選手権まであと２週間という頃に異常は起き始めた。精神的に、明らかにいつもと違う。イライラや不安を通り越して、もう気が狂いそうな感覚なのだ。既に狂っていたかもしれない。ジムに行こうとすると手脚が震え、息をしているのに酸素が入ってこない。ジムへ行くのが怖いのだ。いったん仕切り直さないと、とてもではないがトレーニングなど始められない。

とにかく毎日のように「日本一にならないと」と思い詰めていた。14歳からトレーニングに励んで巨大な筋肉を手に入れたが、気は小さい。それは自覚している。優勝しか許されないというプレッシャーに押し潰されて、情緒不安定に陥っていた。このときには、日本選手権に出場できるかどうか以前に、そこまでトレーニングを続けることができるかもわからない状態まで追い詰められていた。調子が良ければ、こんな精神状態にはならずにいられる。減量が心に及ぼす影響が大きいことは、良く知っている。ところがこの年は、例年とは違い、異質なレベルでつらかった。精神が完全に崩壊した。自分で自分に課したトレーニングに耐えられなくなり、筋破壊ではなく自分自身を破壊してしまっていた。1日1日を無事に終えるのが精いっぱいだったのを記憶している。

だましだまし残りの2週間を乗り切り、トレーニングは完遂することができた。体重は83キロを維持し、増えも減りもしない。変わらない体重に対して、皮膚は明らかに薄くなっていくのがわかった。最も変貌したのは顔つきだ。今までに見たこともないほど頬はこけ、目はくぼんだ。会う人、会う人にギョッとされた。体重が減らないのに皮膚が薄くなり、顔の肉が削げ落ちることに「調子がいい。仕上がっている！」という実感を覚えた。

しかし、実はそれが調子を崩していることによるものだと気が付いたのは、日本選手権のステージに上がってからだった。いつもの大会と同じように前々日に脚トレ、前日に背中トレという大会前のルーティンを終えて、十分なカーボアップもできた。そして迎えた当日、パンプアップしているときはバックステージの暗がりにいたので正確にはわからなかったのだが、ステージに出てライトが当たった瞬間にまざまざと自覚した。皮膚は薄いのに、筋肉自体に張りがない。一言でいうと「筋肉が緩い」のだ。血管も全然浮かないし、パンプできていないから、皮膚が薄くても迫力がない。例年のようにカーボを入れているのに、蓄積した疲労が尋常ではないので回復もしていない。4位から順位をひとつ落として5位という結果に終わった。

この瞬間に「もうダメだ…」と直感した。自分がチャンピオンになる最大のチャンスを完全に逃した。チャンピオンになるためにここまで自分を見失うような人間など、とても日本一になれる器ではないと感じた。優勝する人というのは、自分の行うことに対して自信を持ち取り組める人だ。僕は完全に舞い上がってしまい、自分を見失っていた。こんなはずではないと、あれほど頑張った結果に落胆するしかない。体は2008年のときのほうが状態は明らかに良く、この年は完全に疲れ果てていた。期待を裏切る仕上がりにもかかわらず、順位をひとつ落とすだけという最小限の傷で済んでラッキーだといっていい。

2009年の日本選手権では合戸孝二選手が48歳という最年長優勝記録を打ち立てて、4度目の優勝を果たした。2位は2年連続で須江正尋選手。そしてなんと下田雅人選手が3位に入賞した。先を越されたが、あまりの自分の不甲斐なさに周りのことなど気にする余裕はない。

大会が嵐のように過ぎ去り、落ち着いて自分の犯した過ちを探る。自分が見つけた問題点は3つ。まずは、筋肉の回復を無視した4分割トレーニング。そして、その後に試みた2分割トレーニング。ごく短期間ならこれでも回せるのだろうが、かなりの長期間これを試していた。株式会社近藤での真夏の岐阜ルートの労働も考慮すると、重量設定も、セット数も、種目数も、全体的に無理がある。事実、このときは8月以降、あまり強い筋肉痛を感じていない。疲労困憊してトレーニングしたときによく起こる現象だ。その状態のときに気づくべきだが、大会前でアドレナリンが出ていたり、BCAAやグルタミン、クエン酸を多く摂取することで、疲労状態でも重量を落とさずにトレーニングできてしまうことが裏目に出たのかもしれない。サプリメントの効力としては絶大だが、それを管理すべく俯瞰的に自分の状態を管理できていないということだ。

次に、有酸素トレーニング。肉体労働なので、普段から生活運動強度はかなり高いほうだと思う。仕事中は長時間の有酸素運動をしているのと同じような状態。しかも、真夏の炎天下での長時間労働は、サウナの中で有酸素運動しているようなものだ。1日中そういう環境下で過ごした後にトレーニングもして、さらに有酸素運動をする場合は、生活全体を考慮して計画を立てなければならないだろう。1日のカロリー消費を考えながら、疲労の蓄積なども考慮しつつ、総カロリーの計算をすべきだ。

そして最後は、自分らしさをなくしていたこと。すべてはこれに尽きる。今まで「ナチュラルの限界」を求めて「バルク＝筋肉自体の大きさ」を追求してきた。その根本を忘れて、あまりにも他のものを追い求めすぎた。どんと構え、少しずつ手札を切ればいいのにそれができず、自分でできると思われるものすべてに手を出した。考え得るすべてのものをやり尽くした結末が、ひとつ順位を落とした5位という結果である。

正直、これからどうしていいのかわからない。応援してくれる皆さんの期待を裏切ったことを猛省し、前に進むしかないのだが、挫折というより絶望に近い気持ちに駆られた。

木澤家に第二子誕生！喜びと胸に挑むも、順位はさらにダウン

2009年の日本選手権が終わり、正直なところ精神的に憔悴していた。あれほどやれることはすべて行い、その結果の5位という順位によるものだ。その前年に4位に入り周りから囃し立てられて（決して周りのせいにする訳ではないが…）、その勢いで頂点に立つつもりで取り組んでいただけに、気持ちの整理がつかない。しばらくは茫然自失してしまい、反省点や改善点を見つける気持ちにもなれずにいた。

そういう状態なので、オフに突入しても気持ちがのらず、ただ漠然とトレーニングをする日々が続いた。それでもトレーニングを続けていると徐々に気合も入り、いつものように過ごせるまでに回復した。やはり、いつもトレーニングに救われる。

2009年の反省点は前述したが、最大の問題はトレーニングを詰めすぎたこと。回復できていないのにトレーニングを強行していた。自分のトレーニングレベルで2分割では、回復が追いつくはずもない。加えて、有酸素トレーニングも頻度・時間・期間とすべてにおいてやりすぎていた。そして食事面では、エネルギーである糖質と脂質をカットしすぎていた。すべてが空回りして、ただただ体にダメージを与えていた。

2010年は、気持ちを新たにしようと、久しぶりにアジア選手権に出場する意欲が湧いた。そこで、ア

ジア選手権の派遣がかかる7月の日本クラス別選手権も視野に入れて調整を始めた。2009年末には過去最高重量でのトレーニングができるようになり、調子は確実に上向いていた。

ところが、2010年に入ってすぐに事は起きた。最高重量でのスクワット。バーを担いでスタートポジションまで下がる。いつもより若干右にスタンスがずれていたのを認知しながらも、「まあいいや」とスクワットを始めた。ボトムポジションでセーフティーバーとシャフトの間に右手の皮膚が挟まりそうになり、慌てて重心を左へずらす。そしてそのまま立ち上がると、左脚の付け根に激痛が走り、そのましゃがむことができなくなった。完全に自分の不注意だ。調子が上向いていたことによる気の緩みが原因である。シャフトを担いで後ろに下がったときに、スタンスが右にずれているのを認識した時点で、左にスタンスを移すべきだった。回避が可能なケガだ。ケガの影響は大きく、丸4カ月、まともに脚トレができなくなり、日本クラス別選手権の出場は断念せざるを得なかった。当然、アジア選手権も霧散した。

ただ、この年は悪い話ばかりではない。子どもを授かったのだ。ついにパパになる！

予定日は2010年4月X日。ジュラシック35歳。トレーニング歴18年、大会出場歴は17年になっていた。出産時、妻は陣痛でかなり苦しんだ。その時間、なんと40時間である。自分にとっても初めてのことなので、これを難産というのかはわからないが、おそらくそういうことなのだろう。病院へついて行くが、さすがに40時間ずっとそばにはいられない。いや、いるべきなのか？　そのうちにトレーニングの時間がきた。トレーニングを始めた頃からの掟は、既に皆さんにもお伝えしている。「トレーニングをすると決めた日には、何があっても必ずトレーニングする」だ。この日も、あいにくオフの日ではない。時間がきたので「トレーニングに行ってくるね」と言い残して病室を後にした。妻は意識朦朧としていたので、返事はなかったか、それとも苦しいながらに軽く相槌を打っていたか…。

あとで妻から聞いた話だと、看護師さんは唖然としていたらしい。そうは言うものの、トレーニングの日なのだから仕方ない。妻にしてみれば「ああ、ジムに行くんだ…」と諦めの境地だったという。ボディビルダーの妻だから仕方ない。僕がいなくても、病院は万全の態勢で妻をサポートしてくれる。出産に関しては、僕がいても何もできない。そもそも医師に立ち会いについて聞かれたときに「遠慮する」と回答していたのだ。だから、トレーニングしに行っても構わないとは言わないが、この日はトレーニングをする日で、トレーニングに行く時間がきたからジムへ行く。ただそれだけのことだ。

妻は、元気な女の子を産んでくれた。元気にすくすく育てば、それで満足だ。

2010年の日本選手権は東京で開催された。減量には、1カ月前倒しで入る。これは反省点のひとつである脂肪分のカットのしすぎを修正するのに、時間的に余裕を持つことが狙いだ。有酸素トレーニングに関しては、40分という上限を設定した。今回の日本選手権に向けた最大の課題は、自分を見失わないこと。常に冷静で、自分の置かれている状況を俯瞰して見ること。1歩引いて見る、という感覚だ。

特段、問題も発生せずに大会当日を迎えた。仕上がりに関しては自分で満足のいく感じに仕上がったのだが、結果はさらに順位をひとつ落として6位。後から写真や映像を見返してみると、反省がひとつも活きていないような体に見えた。

このときはすぐに反省点が見いだせた。「トレーニングを詰め込みすぎて回復できていないのにトレーニングを強行した」という反省がまったく改善されていない。この2年間でひとつずつ順位を落とした結果は、本当に勉強になる。

順位を追うあまりどんどんトレーニング強度を上げたくなる。1日のトレーニング強度には限界があるので、オフを減らして頻度を上げようとしてしまう。回復できていない状態でトレーニングを強行するので、張りも迫力もなくなるという悪循環に陥る。仕上がりは決して悪くないが、筋肉の状態がよくないので、萎んで甘く見える――こんな流れだ。人間の体というのは不思議なもので、同じ体脂肪率、同じ体重でステージに出ていても、そのときの筋肉の状態で見え方はまるで変わる。

3年前のトレーニングノートを見返してみた。捨てていなくて幸いだ。そこには、今とは圧倒的な違いがあった。オフの日数だ。トレーニングはやればやるほど、筋肉が大きくなるイメージがある。しかし、ハードにやり込む分、それに見合う栄養補給と休養が必要だ。重量や頻度、あるいはいかに厳しく仕上げるかというところにばかり目がいき、栄養や休養を蔑ろにしていた。BCAAやグルタミン、クエン酸などのサプリメントが効力を発揮して、疲労を感じさせないパワー発揮につながる一方で、それが裏目に出ることも多い。上を目指すには、今よりもハードなトレーニングで、常に「今以上」を自分に課すという考えしかなかった。このような経験を得て、「適度」という言葉を意識するようになる。

日本選手権は下降の一途をたどるバルクという武器に限界を感じた日

2010年の日本選手権では、それまで王者として君臨していた合戸孝二選手を打ち破り、鈴木雅選手が初優勝を遂げ、新たな扉を開いた。48歳から28歳と、20歳も若返る王者の交代劇。2位は合戸選手で、またしても下田雅人選手が3位に。6位に順位を落としている僕とは正反対だ。

2010年のオフは、例年だと95キロくらいまで増やすところを、90キロほどに留めておくことにした。これは2011年に、よりハードに仕上げようという意図ではない。例年は12キロほどある減量幅を7キロほどにすることで、減量期間を短くしたいとの思いからだ。それにより減量期間中の筋量の損失を最小限に抑え、バルクを少しでも残したいと考えた。90キロでオフを過ごすのと、95キロまで増量してオフを過ごすのとでは、トレーニング中のパワーに違いが出るかというと、感覚としてはほぼ変わらない。

2010年の日本選手権を終えた後、ブログにこんなことを投稿した。「無茶をしてたどり着いた場所は、何年も前に既に見た景色と同じでした。体だけは疲れたものの、今も何年も前と変わらず同じ景色を見ている自分がいます。もっと先の、今とは違う景色を見にいかなくてはいけません」。この2年を振り返り、無理してきたのに成果が出ないことへの焦りが伝わる。どんと構えて、周りの雑音を遮断することができたら、見える景色も変化していたのかもしれない。

２００９年の日本選手権を４位で終えたときに、周りからも言われたように「次は優勝するしかない」と感じた。それは、４位が着いたあの日の会場のざわめきからも感じたことだ。しかしながらその後は「木澤、優勝してもおかしくないぞ！」という言葉が呪文のように頭にこびり付いてしまい、どんどん自分を追い詰めていた。でき得ること、考え得ることをすべて行い、オフも取らず、頻度も上げて、肉体的にも追い込んだ。そして順位を落としたとき、全身から力が抜けるのを感じた。「自分はチャンピオンにはなれない」、そう確信したのだ。一生で一度あるかないかのチャンスを逃した。

もし２００９年の日本選手権に向けて、何も変えずにそれまでと同じトレーニングを行い、同じ減量をしていたら、自分はチャンピオンになれていたのではないか。その年のオフに僕はすべてを見失い、試したこともないトレーニングや頻度を試した。減量でも極限まで脂質をカットした。できると思われるもの、誰も試みたことがないもの、とにかくすべてを取り込み、すべてに対して極限の厳しさを求めた。若い頃から極限まで追い込むトレーニングに慣れていたために、「トレーニングはハードなもの」であり「厳しさの高いものほど最大限の効果を生み出す」「厳しくないものは効果を生まない」などという馬鹿げた考えを信じ込んでいたのかもしれない。何が正しいかのか見極めることができず、とにかく極限まで厳しく行うことに取り憑かれていた。

並大抵の努力ではチャンピオンになれないことは理解していたが、それと同じくらい冷静さや自分を信じて行動するという性格的な部分も、チャンピオンになるために必須の要素だと痛感させられた。ただ、この2年間で極限状態を体験したことで、精神的にはさらに強くなれたはずだ。次の日本選手権に向け、この2年間の修行を無駄にしないように精進するしかない。

順位は落としているが、自分では決して調子が悪いと思うことは一度もない。単にアプローチを間違えていただけ、そう感じていた。一言で表すなら「空回り」していたのだ。車ならエンジン全開で、ギアがつながっていない状態。エンジンはうなりを上げて回転しているのに、1ミリも進まない。ギアさえつながれば、爆音を立てて猛ダッシュするのに。この頃は、客席から「ジュラシックさがないよ！」などと声がかかることもあった。確かにその通りだ。自分を取り戻して、1からやり直そうと心に誓った。

そう思い直し、心新たに臨んだ2011年の日本選手権。信じ難いことに、僕はさらにひとつ順位を落として7位で終えた。もう、何が悪いのかわからない。あくまで個人の感想だが、体の張りは2009年、2010年よりも良かったと思う。しかし、それが順位につながらない。

今回の日本選手権を終えての率直な感想は、「バルクで押す時代は終わりを迎えた」ということだ。バルクで突き抜けるのは無理。この大会では鈴木選手が2連覇したが、鈴木選手も2位の田代誠選手も、とても均整の取れた体をしている。田代選手に至っては、そのボディバランスからついた呼び名が「ミスターパーフェクト」だ。

僕は生まれ持つ体型からして、きれいな体つきとは言い難く、そのことは自覚している。プロポーションを改善しない限り、順位は上がらないだろう。しかしながら、生まれ持つプロポーションは変えられない。それを素質と呼ぶのなら、僕の持つ素質は日本選手権のファイナリストの中で最も低いだろう。それを今まではバルクという武器でカバーしてきた。自分にはそれしかないし、それでいいと感じていた。でもこれからは、バルク以外の部分に目を向けていかなければ、順位はさらに下がるばかりだということを、薄々肌で感じた。

自分と同じタイプ、いわゆるバルク派で、バルクを信じる狂気の男・合戸孝二選手が3位に入賞していることだけが、暗闇に浮かぶ一筋の光だった。合戸選手も「自分は才能（プロポーション）がないのをバルクでカバーしている」と語っていた。まったく同じ考えだ。そんな合戸選手も、２００９年の頂点から階段を1段ずつ降りて来ているから、僕と同じ気持ちでいたのかもしれない。

昔は、日本選手権でファイナリストとして並ぶ選手に個性があった。一方、今のファイナリストに目を向けると、バランスの良いプロポーションタイプが多くいるように見受けられる。審査基準がそういう傾向に変化しているのもあるし、時代の流れもあるだろう。僕は一体どうするべきなのか？　２０１１年の日本選手権は、新たなボディビルを試行錯誤しなくてはならないと大会となった。

沈んだ気持ちでオフに突入したが、病は気からというように、トレーニングを再開するとすぐに発熱して、トレーニングを休む日が続いた。「トレーニングをやると決めた日は何が起こってもやる」という木澤家の家訓を破るほど、具合は相当悪い。前途多難と思える２０１１年が終わりと告げようとしていた。

ボディビルは比較される競技 審査員に委ね、結果は素直に受け止める

2012年が始動したものの、恐怖心と戦いながら脚トレに立ち向かう自分がいた。人生で何度か脚トレの恐怖と対峙しているが、このときがそのうちのひとつだ。

脚トレはいつも月曜日に行う。終えたときには達成感や爽快感に包まれるが、その日の終わりから次の脚トレが迫る感覚がある。火曜日は大丈夫。水曜日もまだ遠い。木曜日、金曜日と進み、週末は無言になることが多くなる。そして月曜日。起きるのもつらく、いよいよトレーニングが始まるというときには、かなりのストレスを感じる。できることなら逃げ出したい。でも、そんなことが許されるはずもない。そうした恐怖と戦うことで、強い精神力を養ってきたと思う。

しかしその恐怖が何年かに一度、頭をもたげるのだ。2年前のケガの記憶が蘇るのかもしれない。同じことをしていても、精神的に負けてしまいそうにキツく感じるときもあれば、「よし、負けないぞ！」と前向きに戦えるときもある。こればかりは自分でコントロールできない世界だと思う。

ボディビルは比較される競技だ。数字で表せるものはない。そのときにステージで並ぶ選手との戦いだ。しかも、自分では審査員の目にどう映るのかわからない。

僕は、常にバックステージチャンピオンだ。舞台裏でパンプアップしているときには、ものすごく筋肉が大きくて、バスキュラリティ（太くうねる血管）もあり、他を圧倒する威圧感があるらしい。しかしプロポーションに恵まれていないため、ステージで他の選手と並ぶと粗さが見えて、なかなかいい順位がつかないことが多い。会場のつくりや、その時々の照明でも、見え方は随分と変化を見せる。その年々の仕上がり状態の比較というのは非常に難しい。自分の肌感で探るのが、いちばん確かなのかも知れない。

ボディビルの大会をしっかりと観たことが、ほぼない。意味がわからないかもしれないが、常に自分がステージに立つ側の人間だから仕方ない。18歳で愛知県選手権の新人の部に初めて出場したときは、それまで大会自体を見たことがなく、何ひとつ知識がない状態。その後は大会運営側の人間として、裏方で手伝いをすることが多く、常にバックステージで動き回っていた。衝撃を受けた合戸孝二選手のゲストポーズも舞台袖から見ていた。日本選手権は20年連続で出場したが、ステージに上がる立場なので、客席から観たことは一度もない。２０２５年の日本選手権は、優勝杯の返還に行くが選手ではないので、初めて観戦する日本選手権になるだろう。今から楽しみだ。

ここ数年、大会を見る機会をいただいているのが、マッスルゲートだ。マッスルゲートは、ゴールドジムが主催する誰でも出場が可能なボディコンテスト。ＪＢＢＦのルールに則り、年間で30試合以上開催予定のとても人気が高いコンテストで、出場者は多いときで３００人規模になる。僕は審査員を受け持つ。これはこれで大変だ。選手の勝敗を握るわけだから、気軽な気持ちで見ることはできない。真剣に審査すると、正直とても疲れる。いつも終わるとぐったりで、自分のことに集中していればいい分、大会に出ているほうが気は楽だと思うくらいだ。とはいえ、このような機会は、ステージ上での自分の振る舞いなどを見返すいい機会でもある。

2023年から合戸選手と共同開催という形でやらせていただいているジュラシックカップも、主催者という名の裏方なので客席から観たことはない。2024年の第2回大会ではゲストポーズも務めたので、パンプアップもある。それに加えて、吉本の芸人さんが大勢駆けつけてくださっての大喜利やコントもあり、そこでも演者である。午後の部でジョイマンさんとのコラボがあり、高木晋哉さんの「ヒュイゴー、カモン！　ナナナナー」はリズム感に乏しい僕には習得するのがかなり難しく、長い時間を練習にかけた。

話を元に戻そう。繰り返しになるが、ボディビル競技は並んだ選手間での争いである。自分の状態がまったく同じでも、他の選手がいい仕上がりでなら、そちらが上位になる。

日本選手権で厄介なのが「木澤、今年は甘いんじゃない？」という記憶との比較だ。ジャッジに文句をつけないのが僕の主義であることは、前にもお伝えした。これはあくまでも参考意見として捉えてほしい。

日本選手権やジャパンオープン、日本クラス別選手権など僕が出場して来たような大会は、JBBFが主催する選手権のなかでも地域やブロックの大会を勝ち抜いた選手が集う、全国区のハイレベルな戦いだ。「鍛え上げた筋肉の大きさを基本として、そのときの調整具合やプロポーションで競う」というボディビル競技の特性上、そのレベルで戦うとなると、ある程度の年数を要する。そうすると、毎年似たような選手がしのぎを削る場合が多くなる。審査員が毎回交代していれば問題ないだろうが、特に日本選手権は、審査員の顔ぶれが何年も変わらない傾向があるように感じる。すると、その審査員の記憶から「去年より甘くないか?」とか、いいほうに転べば「去年よりも厳しい」という評価が出る。審査員も人間なので、以前の記憶を消して見ることはできない。初めて見たときはインパクトがあるけれども、何年も同じ体で出ていれば、飽きられてしまうのだ。毎年出るからこそ、毎年改善しなければ評価が下がるのは当たり前である。

マッスルゲートの審査員がいいのは、比較的ボディメイク初心者を対象としているので、出場する選手に対して事前の知識や情報がなく、純粋に選手同士を比べることができる点だ。この場合は、本当に「こちらの選手よりも、こちらの選手のほうがいい」という比較競技になる。また、審査員により「マイナスの競技=減点法で採点」をする方もいる。選手のいい部分を探すのか、弱点を探すのか。それぞれの審査員で採点方法に違いはあるが、理想はやはりその選手の体を初めて見る審査員が審査するのが良いだろう。

大会に出始めてそれほど経たない頃だと思うが、比較されるのが嫌になったことがある。それは、「あの選手に勝ちたい」「誰に負けて悔しい」と他人と競り合うことが元来苦手なのもある。そこで比較競技からの脱却を目指した。何のことはない、自分に集中するのだ。人のことは気にかけず、やるべきことに集中する。そして審査は審査員にお任せする。結果は素直に受け止めて、文句を言わない。こうするようになり、随分気が楽になったのを覚えている。誰が出てくるかなどの事前情報が一切気にならなくなった。ひたすら自分の体を追求していくのみだ。その原点を忘れずに取り組めば、今後も続けられるはずだと思えた。

後進のトレーナーを育てる良企画・マッスルキャンプ

ゴールドジムや株式会社ＴＨＩＮＫフィットネスなど、ゴールドジム関連会社で働いている選手以外で、ゴールドジムの契約選手は日本で僕ひとりだということは既にお話しした通りだ。その関係でゴールドジムのマッスルキャンプに、定期的に参加させていただいていた。

これはゴールドジムで働くトレーナー育成のために行う、社員研修の一環と捉えてもらえるとわかりやすい。僕は講師として参加した。他にも鈴木雅選手、田代誠選手、佐藤貴規選手、加藤直之選手、井上浩選手らが講師として参加していた。

２０１２年9月15日にも、日本ボディビルのメッカであり、ゴールドジムの総本山といわれるゴールドジム日本一号店のイースト東京で、マッスルキャンプが行われた。このときの講師は鈴木選手と佐藤選手、そして僕が担当である。

講師陣ひとりに対して、新人トレーナーを中心に日頃トレーナーとして活動するスタッフ３～４名が1組となり、講師と一緒に合同トレーニングをする。非常に珍しい企画だ。トレーニングセミナーはよく聞くと思うが、日本選手権で活躍するトップボディビルダーと一緒にガチでトレーニングを行うというのは、参加するスタッフにとは非常に貴重な経験だと思う。マッスルキャンプの流れは、こんな感じだ。午前中に1部位、この日は木澤が胸、鈴木が上腕二頭筋、佐藤が背中を担当し、その後すぐに座学を行う。そして午後にはもう1部位、木澤が上腕二頭筋、鈴木が上腕三頭筋、佐藤が胸を行った後に、やはり座学。一緒にトレーニングした後、そこで疑問に思うことがあれば、その後の座学で質問ができる。非常に効率がいい。こうしてトレーニングの技術、理論、コツなどを吸収して立派なトレーナーになっていく。とても良い制度だ。

新型コロナウイルスが流行し、集団行動が制限されるようになるまでは頻繁に開催されていたが、コロナ禍以降は、ほとんど開催されていないような気がする。ぜひ再開していただきたいものだ。

現在は、SNSを通じてトレーニングに関する情報を得るというのが、最も多く利用されている方法ではないだろうか。確かに昭和の時代には月刊ボディビルディングくらいしか学ぶ術がない。雑誌なので静止画を元にして、ああでもない、こうでもないとジム仲間でその動作を真似したのは懐かしい思い出だ。結局は自分で工夫して覚える以外に道はないのである。それに比べて今は、動画を見たいと思うそのときに、無料かつタイムラグなしで見られるのでとても便利だ。「上腕二頭筋のピークをつくるのに一番効果のある種目は?」と検索すれば、AIがすぐさま「ハンマーカール」と答えてくれる（この回答は正直「?」だが…）。そしてその動画を見れば、おおよその動作は確認できる。

日本選手権に学生チャンピオンとして出場し、現在も第一線で活躍されている須江正尋選手は、こうした「動画での情報収集」に警鐘を鳴らしている。動画の情報というのは一方通行で、見る人の情報は無視される。ボディビル、あるいはボディメイク全般と捉えていただいても構わないが、動作というのは個体ありきの部分があり、骨格や筋肉のつき方などに応じて動かし方もひと通りではない。AさんにいいものがBさんには当てはまらないこともあるという旨の発言をされていた。トレーナーを生業にしている身としては、まったく同感だ。雑誌を見るだけの頃に比べ、動画を見られるようになり精度は格段に向上したが、やはり現場でしか得られないものがある。

なかでも一番感じるのが「呼吸とリズム感」だ。トレーニングの動作で最も大事なことは呼吸とリズムで、このふたつをマスターした上で細かなフォームなどを考えることになる。しかしながら、そういう情報を得られる動画はほぼ見当たらない。

ハックスクワットやブルガリアンスクワットなど、種目によって動作に入る前に息を吸うもの、動作をしながら息を吸うもの、力を出すときに息を吐くものなど、さまざまである。こういう呼吸やタイミングは、動画で見て習得したつもりになるが、実際の動きは非常に難しい。よほどの洞察力がないと気づけない世界だ。パーソナル指導を受けたり、前述したマッスルキャンプのように、トップ選手がどのように行うのかを間近で見たりするのがベストだろう。そういう意味でも、マッスルキャンプは非常に良い試みだ。

先日、初めての企画で、僕の脚トレを見学できるというイベントを実施した。トレーニング中の声掛けは禁止で、観察しながらメモを取り、終了後に質問をぶつけてもらうという形で進めた。「あのとき、どうしてこんなことをしたのか?」など自由に聞いてもらえる。脚トレを行う側としても、非常にやりがいを感じる企画だ。今後も、こうした企画は積極的に実施したい。

現役選手を引退した今、一番力を入れたいのがトレーナーの育成である。トレーニング歴36年、大会出場歴31年と、人生のほぼすべてをかけて学んできたことを若い世代、これからさらに若い人たちに指導する立場となる人たちに、伝授したいと考えている。今は自身のジムであるジュラシックアカデミーを運営しているので、ここでもマッスルキャンプのようなことをできたらと模索している。そうすれば、アカデミーという名前に一番相応しい業績になるのではないだろうか。

ゴールドジムで行われていたマッスルキャンプは、あくまで社員研修なので、残念ながら一般の人は参加できない。そこで、２０２４年にはジュラシックアカデミーの企画において、バリ島でのマッスルキャンプを開催した。こちらは一般参加型だが、参加できるのは8人のみ。少ない枠に一瞬で１５０人の応募があった。ありがたいことに人気はあるようなので、機会を見てまた開催するつもりだ。

ちなみに、２０１２年のマッスルキャンプのときには、岡部みつるさんが写真撮影に入り、そのときに撮影していただいた写真は大のお気に入りとして、今もホームページのアイコンや名刺に利用している。10年以上も前の写真になるのだが、この頃はバルクも若さもあり、長いジュラシック史のなかでもいちばん好きな頃なのだ。本書でも、書籍本体表紙に載せているので、カバーを外してご覧いただきたい。

このマッスルキャンプは、ゴールドジム浦安など他の店舗でも開催され、その模様はマッスルメディアジャパンから『トレーニングメソッドシリーズ』としてＤＶＤが発売されている。懐かしい思い出だ。

4年ぶりの順位アップとゴッドハンドとの出会い

２０１２年9月15日のマッスルキャンプから10日後、第2子となる長男が誕生した。このとき長女は3歳。男の子ということで、自然に将来の体つきが既に気になる。２０１２年の日本選手権に向けた目標は、「自分らしくデカい筋肉！」。この頃は２００８年に4位に入賞して以降、ひとつずつ順位落としていた。周りからは「このままズルズルいくだろう」と予想していた気がする。この時代に流行っていたネット上の某掲示板では、そんな声がほとんどだ。「ピークを過ぎた落ち目の選手」と見られていることは自覚していたが、それに抗おうとする自分がいた。こんなはずじゃない、まだまだ頑張れる、と。

この年は、減量期の炭水化物量を前年までの１・５倍に増やし、ナッツを食べることで最低限の脂質も摂取するように心がけた。数年続けて張りも元気もない体で出ていたのを挽回することだけに努めた。高炭水化物ダイエットは「トレーニング強度が落ちない」「ストレスが溜まらない」「目まいや立ちくらみがほぼない」といいこと尽くめだ。この頃のタンパク源は、名古屋市内にある「焼肉一気」さんの牛肉で占めていた。高炭水化物＋脂質摂取のお陰で「この数年で一番いい！」「久しぶりに迫力ある体を見せてもらった」とのお声をいただいた。順位はひとつ上がって6位。筋量を落とさずに減量することには既に自信があったが、今回学んだのは、筋肉の張りを失わずに減量するコツだ。減量中もカロリーを高く維持できるなら、そのほうがいい。今回は減量時の総摂取カロリーの底上げができた。久しぶりにひとつ、前進できた気がした。

トレーニングに関しては、非常に勇気を必要としたが、トータルのボリュームを減らした。理由はもちろん、ここ数年で狂ったように頻度も強度も高めてトレーニングした結果、回復できずに萎んでしまう筋肉からの脱却だ。総セット数を減らし、その代わりに強度は高くするという方法を採用した。今まで3時間かかっていたトレーニング時間は2時間になる。これは楽をするのとは違い、キツいものを短時間でやり切るというもの。その結果、疲労困憊状態は完全に回避できた。同じ6位でも、見える景色は2年前とはひと味違う。やはり苦しんだ分、ひとつでも順位を上げられたことは素直に嬉しい。あれだけ嫌な「6」という数字が愛おしく感じられた。

ところが、その年の11月に坐骨神経痛を発症した。これが厄介で、完治したかと思うとすぐに再発する。医療廃棄物の回収で病院を回るが、病院の廊下でうずくまると「大丈夫ですか?」と声を掛けられるので、靴ひもを結ぶふりをしてごまかすこともあった。1日で何回靴ひもを結んだだろうか。こういうことが起こると、元気にトレーニングできるありがたみが身に沁みる。骨折してもトレーニングしていた僕がトレーニングを休むくらい、坐骨神経痛というものは煩わしい。これまでの競技人生で負った傷のなかで、後にも先にもここまで痛くて苦しいものは記憶にない。皆さんも坐骨神経痛には注意してほしい。

2013年、念願のマイホームを新築した。30年ローンだ。木澤大祐38歳、トレーニング歴23年、大会出場歴19年。ローンの返済を終えるのは68歳ということになる。その年まで株式会社近藤でルートドライバーを続けているかどうか、この時点ではわからないが、少なくとも転職しようという気持ちは微塵もない。株式会社近藤での仕事はバリバリの肉体労働だが、それをしながら競技ボディビルを続けている。それでも、この環境を離れて肉体的に楽な仕事に移りたいと考えていないのは、肉体労働をしながらトレーニングをしている全国のボディビルダーたちへの励みになると感じていたからだ。自分が頑張ることで、ひとりでも多くの人に「あいつ、頑張ってんなあ！」と思ってもらえる選手でいたい。いつからか、自分にしかできないこの環境の中で競技を、そしてトレーニングをやり続けることに使命を感じていた。

日本選手権の前には、必ず名古屋市中区にある「あいしん整体」へ行き、高井良信院長に施術をしていただいている。この道ひと筋の院長を、尊敬の念を込めて「ゴッドハンド」と呼ばせていただいている。2009年の終わりか2010年の初め頃に、ゴールドジム名古屋金山で「一緒に写真を撮ってくれないか？」と声を掛けていただいたのが出会いだ。高井院長は施術をするのに体力が必要なため、ゴールドジムでトレーニングしていたのだ。

最初に診ていただいたときの衝撃は、今も鮮明に覚えている。何も聞かれていないのに、ゴッドハンドの指が痛みを感じるすべての場所で止まるのだ。あたかも指先にセンサーが装備されているようだ。筋肉ならコリなどで痛む場所の特定が可能かもしれないが、探し当てる場所はすべて骨。骨格が歪んだ状態でトレーニングをすると、体のバランスが崩れたまま筋肥大し、いずれはケガにつながる。施術していただくと、調子が悪かったのが嘘のようにパワーが戻り、体がすっきりして、自分の体ではないような感覚に陥る。ちなみにその施術には、特許を取得している高井院長オリジナルの整体ベッドを使用する。1日に多くの患者さんを診る院長の指の圧の代わりに、テコがついたベッドを利用するのだ。ゴッドハンド・高井院長の施術を受け、万全の体制で日本選手権に臨む。

2013年の日本選手権は10月14日に開催された。この年の目標は、例年の絞りよりもマイナス2キロだ。もちろん筋肉は落とさずに、限界を目指す。通算10回目の日本選手権は本気で獲りにいくために、有酸素運動を強化した。トレーニング直後に1時間、オフの日にはプラス早朝にも1時間。トレーニング後にやるのは時速6キロのトレッドミル。早朝は、引っ越したばかりの自宅の周りを歩いて新しいものを発見する旅を楽しんだ。

1週間前の時点で81～82キロ。2カ月ほど数字は動いていない。しかしながら、体重は変わらずに絞れていく、いい減量モードに入る。目指すは、ここ数年置き去りにされているファーストコールだ。ボディビルの大会は、ファーストコールで呼ばれないと意味がない。そこで呼ばれないということは、優勝からの脱落を意味するからだ。2012年は久しぶりに順位が上がり、復活の兆しが見えた。その火を消すことなく、さらに次へつなげたいという思いで「絞り」を追求するという賭けに出た。バルクで他を圧倒できなくなり、なかなか答えが見つからないなかで導き出した答えだ。吉と出るか、凶と出るか。またしても気づけばジュラシックさを見失いそうな、2013年の日本選手権は始動していた。

応援団の期待に応えられず涙でも、今こそが踏ん張りどき

極限まで「絞り」を極めることをテーマに臨んだ2013年の日本選手権、目標にしていたファーストコールからは外れた。結果はふたつも順位を落としてしまう8位。今までで最低の順位である。決して順位で一喜一憂しないが、応援に来てくださる人に申し訳ない気持ちでいっぱいになる。

2014年にリベンジするために掲げた目標は「気持ちに余裕を持って生活すること。もっとトレーニングを好きになること。もっとボディビルを好きになること」の3つ。気持ちを新たに取り組みたいと誓う。

僕の座右の銘の代表的なものに「頑張りどきと踏ん張りどき」という言葉がある。トレーニングをしていても、ケガをしたり、調子が悪かったりすることがある。比較的短期間で脱せるときもあれば、思いのほか長引くことも。そんなときは無理に頑張ろうとせず、踏ん張ることに専念するのだ。調子が上向くまで、じっと耐えるということでもある。調子のいいときに頑張るのも大切だが、調子の悪いときに踏ん張って耐えることのほうが遥かに大事だ。今までボディビルをやってきたなかで学んだのは、とにかく「耐える」こと。頑張ることよりも耐えることの大切さを味わった。自分の周りにつらそうな人を見つけたら、その人は既に頑張っているだろうから、「踏ん張って！」と声をかけてあげるといい。「頑張れ！」と声をかけるより、

気が楽になるはずだ。そして、今まさに踏ん張りどきを迎えているのが、自分自身である。

２０１４年は7月6日に岡山で開催された日本クラス別選手権が初戦。日本選手権以外の大会に出場するのは、２０１２年の日韓親善選手権というエキシビジョンを除けば、２００7年に出場した日本クラス別選手権と中国・上海でのアジア選手権以来、7年ぶりだ。減量も順調に進み、83キロで出場して優勝した。２０１４年、幸先がいい。長女が4歳、長男は2歳になり、会場に子どもたちの声援が響く。うれしいのだが、闘争心がなくなり力が抜ける（笑）。

8月17日には、三重で開催された日韓親善選手権の80キロ以下級に出場。この頃の昼食は、ツナ缶2個、セブンイレブンで販売しているゆで卵2個（全卵）、サラダチキン、鮭の味噌焼き、ささみソーセージ1本、白米３００グラムという感じで、脂質は卵の黄身と鮭から摂取した。今思えば、とてつもない量のタンパク質だ。野菜の代わりに、ゴールドジムのマルチビタミンと、代謝が悪くならないようにビタミンBを浴びるほど摂取していた。8月で「減量をしない日」は終了。10月5日の日本選手権までは減量食だけで過ごす。

この夏に、グアムで開催された日本グアム親善大会で、正道会館総本部の角田信朗師範がボディビルデビューされた。角田師範は、僕が放った「いつも素晴らしい体を維持しているのは役者としてですか？　一度、究極まで絞ると違う世界が見えますよ」というひと言をきっかけに、ボディビルの世界に足を踏み入れた。とても光栄に思う。師範はミドル級で見事優勝した。さすがだ。ちなみに、なかやまきんに君もウェルター級に出場して3位に入賞している。きんに君はプライベートでも仲良くなり、我が家にも遊びに来てくれた。

そして迎えた2014年、11回目の日本選手権。またしてもファーストコールには呼ばれず。この頃からは達観したかのように、ファーストコールの比較審査中に、呼ばれた選手の背中を見ながら、来年に向けてのひとり反省会ができるまでになった。情けない話かもしれないが、慣れというのは怖い。一体何が良くて、何が悪いのか。心は日本選手権のステージを離れる。そのくらい無情に、この1年のトレーニングの記憶は消すようになる。

これができるようになったのは、何度も日本選手権で打ちのめされたから。このときは客観的に自分を見る目に明らかなズレがあった。デカさを追求していた時代は、考えや行動がすべていい結果となって体に表れていた。今の自分にはそれが感じられない。自分の気持ちと自分の体が噛み合わないのだ。

実は日本クラス別選手権に優勝した直後、公務員をしていた真面目一本槍の父親が定年退職後に手持ち無沙汰となり、精神的にまいってしまい躁状態になる。ある日ジムから帰ると、自宅近くの両親が暮らす家の内部が破壊された、異様な光景を目の当たりにした。壁には青い塗料のついた窪みがたくさんあり、何が起こったのか理解できずに呆然と立ち尽くしてしまう。壊された瓦礫のなかには、僕の上腕二頭筋をつくり上げた青い10キロの鉄アレイが転がっていた。

そんなこともあり、この年は大会に出る意欲を失いかけていた。現実的に出るべきではないかとも思ったのだが、「あと3カ月だから」と家族に説得されて出場することにした。

さまざまな思いを秘めて出場したが、結果はまたひとつ順位を落として9位。ステージから客席を見たと

2018年日本
ボディビル選手権

きに見つけやすいので、応援Tシャツは赤にした。大会が終わり、おそろいの真っ赤なTシャツを着た応援団を前にして、初めて涙があふれた。悔し涙というやつだ。厳密にいうと、自分に対する感情ではなく、応援に来てくださった方々への気持ちからあふれ出たものだから「申し訳ない涙」というのが正しい。人間は、努力しても結果が出ないときに悔しいと感じる生き物だと思う。競技というのは冷酷なもので、結果が出なければ努力しようが評価されない。残念ながら、努力や頑張りを評価してもらうことが競技ではないので。デカさだけを追い求めて我武者羅に取り組んだ時代。あの時代と一体何が違うのか。それを探究する旅が始まろうとしている。

オフに入り、リフレッシュも兼ねて家族で北海道へ旅に出た。減量中はいろいろと制約があるので、こういうときこそ精いっぱい家族サービスだ。家族4人での旅行はとても楽しいものだった。これで心機一転、2015年に向けて仕切り直せるというものだ。

2015年は、30代が終わり40代に突入する。思えば30代は、日本選手権への挑戦一色だった。30歳になるときに思い描いていた理想の30代の自分とは、まるで違った。とにかくつらくて苦しい思い出が鮮明に残る。しかし、そこに後悔はない。あっという間の10年だったが、全国からゲストポーズに呼んでいただき、セミナーやパーソナル指導でも多くの出会いがあった。人とのつながりの大切さをひしひしと感じられた。そんな30代での最高の出会いは、間違いなく長女と長男との出会いだ。自慢のパパになれるよう、もう少し頑張ろう。このままでは終われない。

変わらぬ結果とは裏腹に仕事は大変革！ジムオープンに向けた準備の日々

2015年は、6月に福岡県北九州市でアジア選手権が開催される関係で、選考会となる日本クラス別選手権が前倒しされ、なんと4月に、仙台で開催された。日本クラス別選手権は85キロ以下級で優勝したが、アジア選手権は85キロ以下級9位。ちなみに、この年の目標は「ジュラシックらしさを取り戻すこと」。このスローガン、今までに何回使っただろうか。どれだけ自分を見失っているんだ！

プライベートでは、2015年7月に次女が誕生した。これで5人家族になる。長女が産まれるときは、陣痛に苦しむ妻を病室に残してジムへ行った。長男のときも立ち会わず、今回も立ち会う予定はなかった。それなのに、たまたま妻が「お茶を買ってきて」というので、おつかいに出かけ、病室へ戻るタイミングで看護師さんが来て「ご主人もどうぞ！」と連行されたのだ。このときも妻は陣痛で苦しんでいた。痛いらしい。その姿を見ていたら、ふと「レッグエクステンションの痛みより強いのかな？」「ハックスワットよりつらい感じか？」と、脳内で想像が膨らむ。想像するのが楽しかったのか、いつの間にか笑みがこぼれていた。陣痛に苦しむ妻、その横でニヤニヤする筋肉質の夫という、シュールな光景が生まれた。それでも、妻は元気な女の子を産んでくれた。「痛みに耐えて3人も産んでくれてありがとう」と、あらためて妻に感謝の意を表した。母は強し。なお、陣痛の痛みがどれほどのものなのかは、いまだにわからない。

迎えた10月の日本選手権。今回は、自分を取り戻すために有酸素運動を一切行わず、バルクを求めていた時代の調整方法に原点回帰した。カーボアップは餅と牛肉。赤身もも肉の薄切りをホットプレートで焼いて、餅と食べた。しかし、結果は前年同様の9位。とはいえ、久しぶりにジュラシックらしいバルクのある体で臨めたので、気持ち的にはスッキリした。とりあえずは満足だ。ただ、評価にはつながっていないので、自己満足ということになるが。それでもここ数年感じていた「空回り感」はなく、充実していた。ポージングを改善しなければならないことは自分が一番理解していたのだが、なかなかトレーニング以外のことまで手をつけられない。いつも大会終了後に悔やんでいた。

２０１６年の日本選手権は、10月2日に大阪で開催された。ジュラシック41歳、トレーニング歴27年、大会出場歴23年、日本選手権出場は13回目になる。カーボアップは牛赤身もも肉薄切りと干し芋、バナナ、パックの五目ご飯にきな粉をまぶした餅。デカさは残せたと思うが、幾分甘かっただろうか。順位は、変わらずに9位。なかなか抜け出せない3年連続の9位に、こんなはずではないという思いが募る。

大会が終わると、お決まりの家族旅行へ。結果はどうあれ、オフは楽しく過ごす。このときは松尾幸作選手（２０２１年日本選手権8位）ご夫妻と長野へ。松尾選手は長崎出身だが、大企業戦士で名古屋に暮らして久しい。今は転勤して、札幌に暮らしている。日本選手権で切磋琢磨する、頼りになる弟分だ。奮発して、いい温泉宿で1年の疲れを癒した。

この年のクリスマスにはホームパーティーを開き、僕が腕を振るった。ニラもやし炒めに茄子の味噌炒め、あんかけ焼きそばと中華料理のオンパレード。若き日に中華料理屋のバイトで習得した技術は健在だ。ちなみに、この手のパーティーでは最後に必ず天津飯を出す。ただ、この天津飯にありつくためにはルールがある。提供するのが遅い時間になるため、それまでにあくびをしたら食べられないのだ。ゲストは松尾選手ご夫妻と、安井友梨選手ご夫妻。安井選手は日本が誇るビキニフィットネス女王で、2025年には10年越しの挑戦で悲願の世界チャンピオンにも輝いている。

2017年は、大変革が訪れる年となった。勤続して13年になる株式会社近藤が、新規事業として、ジュラシックという名前を冠したジムをオープンすることになるのだ。株式会社近藤では、医療廃棄物回収と介護用品の配送を行うルートドライバーとして勤務を続けてきた。一方で、担当の病院スタッフに向けたトレーニングや減量に関するセミナーや出張パーソナルトレーニング指導など、本来の業務とは無関係の仕事を副業として認めていただき、積極的にやらせていただいていた。木澤大祐後援会も設立していただいた。僕が取り組んでいるボディビルに関して、非常に積極的にサポートを続けて来てくれたのである。社長や会長が筋トレ愛好家というようなバックグラウンドは一切ない。その会社が新規事業としてジムをオープンするのだ。突然湧いた話に信じられない思いだが、断る理由はない。その日から、ジムオープンに向けた準備の日々がスタートした。場所の選定、マシンのチョイス、料金設定、システム構築、内装・外装。すべてひとりで考えて行った。

場所が決まらないことには、何も始まらない。名古屋市内でオープンさせるとなると駐車場が必要なので、ある程度の床面積の物件が理想だ。なかなかいい物件が見つからずに困っていると、ある人が助け舟を出してくれた。現在もジュラシックカップのメインスポンサーに参画していただいている、名正運輸株式会社の加藤新一社長である。名正運輸は従業員1500名以上、保有車両270台以上を持つ物流会社である。加藤社長は大会に出場してもおかしくないくらいの肉体を持つトレーニーであり、当時はエクサイズ・トレーニングスタジアムを借りて、パーソナルをさせていただいていた。パーソナルの最中に、何気なく「ジムをやろうと思うのですが、なかなかいい場所がないんですよね」と切り出すと、その場で「あ、そういえば本社だった建物が空いているんですよ！」と加藤社長。そのひと言が気になり、もうパーソナルどころじゃない（笑）。住所を聞き、パーソナルを終えるとすぐに直行した。その場所は学生時代にバイトに明け暮れた中華料理屋の近所で、運命の出会いを直感した。駐車場もある2階建ての建物があり、即決。建物を見ながら「ここにします！」と加藤社長にメッセージを送信したのを今も覚えている。

場所は決定。次は内装＆外装に取りかかることにした。壁紙などのデザインもすべて自分で選び、照明はすべてスポットライトにした。ＤＩＹが得意な父親にはフロントの受付カウンターと下駄箱のハンドメイドをお願いした。さすがに、仕上げのペンキ塗りくらいは自分で行う。ん？　ジムのオープンでペンキ塗り？　15～16年前にそんなことをしたような記憶が…。悪夢がよみがえりつつ「今度こそは！」と思い直す2017年の年明けだ。

1 中学２年の頃からはじめたゴルフではプロになりたいとまで思っていた。2 1994年、アジア選手権の日本代表に選出される。開催地マレーシアにて「アニキ」こと吉田真人選手と。3 1995年、愛知県選手権オーバーオール３位入賞（20歳）。4 雑誌取材にて撮影した、株式会社近藤での勤務中の姿（撮影：岡部みつる、提供：アイアンマン）。5 2015年、次女が誕生。6 2021年、ジェラシックアカデミーのエントランスにて、妻・長男・長女・次女、そして愛犬チャーム（ゴールデンリトリバー女の子）とともに。7 切磋琢磨した下田雅人選手と、イベントにて（提供：マッスルメディア）

第三章

2017-2025

苦悩から栄冠、そして感謝へ

ジュラシックによる学習の場
ジュラシックアカデミー、オープン

ジムオープンについては、実際に始動する2年も前から株式会社近藤のなかで出ていた話だ。それから2年の間に、単発で受けていたパーソナル指導を、月に50セッションやらせていただいた。医療廃棄物回収の仕事を平日に行い、仕事終わりの火曜日と金曜日、そして土曜日と日曜日はパーソナルトレーナーとしての経験を積んだ。並行してジムのオープン準備を続けた。

このジムは近藤の新規事業であり、運営は近藤が行う。僕はいわば「雇われ店長」である。近藤に籍は置いたまま、業務内容がトラック運転手からパーソナルトレーナーに変わるということだ。この新規事業は、近藤が社会貢献を目的として立ち上げた。僕が近藤で働いていたことで、発案されたのかもしれない。しかしながら、僕が積極的に発言して実現したプロジェクトではない。あくまで近藤主導の立案・実行である。そこには近藤と僕の、しいていうなら長年務めてきた会社、そしてそれを運営する人たちと木澤大祐の、人と人のつながりがあると僕は感じている。

そして、ジムにする建物を貸してくださる名正運輸株式会社も、やはり加藤新一社長と木澤大祐のつながりありきのこと。長年、競技と仕事を両立し続けてきたのを見守ってくれていた人たちが、手を差し伸べてくれたのだ。自分から求めたのではなく、自分が耐え忍んで踏ん張っていたら、向こうからやって来た運命とでも言うのだろうか。感謝以外に言葉が見つからない。本当にありがたい限りである。

このジムは当初、今のジュラシックアカデミーのようなフリースペースとしてトレーニングできるジムではなく、パーソナル専門のジムとしてオープンする予定で準備を進めていた。だが、僕のトレーニングで培ってきたものを活かすのであれば、小型のパーソナルジムでは成果を発揮できないと思い、近藤を説得して今の規模に変更していただいた。またゴールドジムの多大な協力を得て、僕が満足にトレーニングできる環境を整えるため、導入するマシン類に関してはすべて僕が選定させていただいた。これまで25年に及ぶジムでのトレーニング経験が、ここで活きる形となる。

パーソナル指導やセミナーで足を運ぶ全国のゴールドジムで気になるマシンに心を留めておき、ゴールジム事業部の田代誠取締役（ここは選手としてではなく取引先として）にご配慮いただき、中古のマシンとして譲り受けさせていただいた。おかげさまでマシンのラインナップに関しては、日本選手権ファイナリストが毎日のトレーニングを行うのに十分な、いや、ほぼ完璧といっていいものがそろっている。若かりし頃に日本ジュニア選手権のステージで共に戦った株式会社ＴＨＩＮＫフィットネスの営業・村上洋之さんには、大変お世話になった。また、マシンの搬入に際しては、名正運輸の物流パワーにも助けていただいた。

ジムの名称は、ニックネームである「ジュラシック」に、自分自身も含めてトレーニングをする全員が何かを学ぶ場所にしてほしいという願いから「アカデミー」を加えて、「ジュラシックアカデミー」と命名した。それぞれの頭文字である「J」「A」と、僕の特徴である上腕二頭筋をモチーフにしたロゴは丸1カ月、毎日にように頭をひねりながらつくり上げた。

理想のジム像はふたつある。ひとつはハードかつスムーズにトレーニングできる環境を提供できること。そしてもうひとつは、パーソナル指導を受ける・受けないに関係なく、メンバー全員のトレーニングを僕が把握して、随時アドバイスできること。つまり「ジュラシック木澤による学習の場」であることだ。理想を実現させるためにパーソナルは完全予約制にして、自由にトレーニングできる自主トレ会員は50名限定とすることに決めた。パーソナルトレーニングに関しては様子を見ながら開始し、自主トレ会員に向けた正式オープンは2017年3月1日とした。

ジュラシックアカデミーのオープンにより、近藤での13年間、佐川急便も含めると約15年間に及ぶ肉体労働と競技ボディビルの両立から解放されることとなる。日本のナチュラルボディビルダーのトップ、それはすなわち日本選手権のファイナリストと呼ばれる人たちかもしれないが、そのなかで屋外での肉体労働を生業としてきたのは、近年では僕くらいだと思う。

肉体労働とは、重い荷物を持ち上げて移動させ、下ろして運んで、というように、いわゆる力仕事が主体になる職業のことをいう。2016年の日本選手権ファイナリストを見ると、半数以上がトレーナーなどのいわゆるフィットネス関連の仕事に就いている選手だ。その一方で、まだファイナリストに到達できていない選手のなかには、肉体労働をしながら頑張る選手もいるはずだ。

今のファイナリストの状況を見て「やっぱりトレーナーとかにならないと、上位にいくのは難しいのかな?」などと、偏った考えには陥ってほしくない。「木澤は肉体労働をしながらファイナリストとして戦っているじゃないか!」と、肉体労働ボディビルダーたちの希望の星になりたいのだ。

佐川急便で働いていたときには、本当に過酷で地獄のような労働環境だったが、そのようななかでもトレーニングをして、大会に出場し続けることが目標。「それでも絶対に負けるものか!」という気持ちだけが心の拠り所だった。結果的には、体も心も疲弊してしまうのだが、後悔はない。

しかしながら、15年間に渡り、額に汗して働いてきた肉体労働の環境に、ついに別れを告げるときが来たのである。しかも、自分から望んで職種替えをしたわけでもなければ、自身のトレーニング歴とボディビル歴を盾にしてトレーナーに転職したわけでもない。偶然名古屋の公共職業安定所で選んだ近藤が、新規事業として立ち上げたのがジム。そして、たまたま使用していない名正運輸の元社屋を貸していただけた。このふたつの偶然が呼び起こした奇跡なのである。

ただ、この奇跡は、これまでの人と人とのつながりが、そして長い時間肉体労働に耐えて来たことが呼び起こしたのではないかと感じている。普段は神頼みなどあまりしないのだが、このときばかりはボディビルの神様に感謝した。

慣れない環境に夢の中でもパーソナルジムオープン記念の年に最低記録樹立

2017年3月1日にジュラシックアカデミーはグランドオープンした。株式会社近藤の新規事業で、関わるスタッフは事業の責任者という立ち位置の僕ひとり。それでも「ジュラシック」という自分の愛称のついたジムが、フィットネス界という大海原に漕ぎ出すのには興奮を覚えた。今回は泥舟ではなく、頑丈で豪華なクルーズ船だ。大失敗した15年前のエクサイズ・トレーニングスタジアムのオープンとは違い、時代の変遷によりパーソナルトレーニングの需要も増えた。なんとしても軌道に乗せて、立派なジムにしたい。

導入したウエイトは20キロプレートだけで60枚、総重量2トン。この建物がジムとして使うことを前提に建てられているわけではないので、2階のダンベルエリアは床構造の関係から耐荷重で安全性を保つためにも、置き方に配慮した。左から右へ順番に重量を増していくのではなく、中間地点で逆方向、つまり右から左へと重量を増していくという配置にした。この置き方にすれば、床にかかる荷重は均一となる。

今ではジュラシックアカデミーの顔ともいえるレバレッジスクワットマシンだが、これはもともと家庭用のマシンだ。自分や愛弟子の杉中一輝選手が扱う重量を考えると、片側に5枚以上の20キロプレートをつけるのは金属疲労が心配になる。そこで、全会員さんがこのマシンを1日中利用しても心配がないように、補強フレームを1本、溶接でプラスして、さらにジョイント部分も溶接して固めた。これで家庭用から業務用に格上げでき、高重量を使用しても問題ない。いろいろな思いを込め、そして誰もがハードにトレーニングできる環境を整え、ついにグランドオープンを迎えた。

オープン初日にパーソナルはお休みにして、自主トレ会員に解放した。多くの人が来てくれた。ジムの営業時間は、月曜日から土曜日の10時から23時までで、日曜日は休館日だ。ドライバー時代は土曜日と日曜日の週休2日制だったが、これからは日曜日のみの週6日勤務になる。多いときは営業時間中に連続してパーソナルが入ることもある。それでもドライバーをしていたときに比べれば、全然疲れない。ただ、自分のトレーニングをする時間がないので、そういうときは閉店後にトレーニングすることになる。閉館したエクサイズでひとり、トレーニングをしていた頃を思い出す。そんなこともあり、トレーニング中のBGMはB'z、Mr.Children、WANDS、DEENなど青春時代に聴いた曲だ。バルクを求めてガンガンやっていた頃の記憶が蘇る。

帰宅するのは深夜になるが、娘と息子の寝顔を見ると「明日も頑張ろう！」という気持ちになれる。このときのジュラシックの心のフレーズは「今日を全力で」。明日のことまで深く考えずに今日を全力で生き抜く。今日という日をセーブせずに、疲れもひきずらない。

やはり深夜にジムから帰宅し、食事をしているときに、妻が心配そうな顔で「大丈夫？」と聞いてくる。話を聞くと、真夜中に隣で寝ている妻の肩をポンポンとたたき、「まだショルダープレスやっていないですよね？」と言い、ドレッサーのところへ連れて行くというのだ。また別の日には、妻をドレッサーの椅子に座らせてフレンチプレスをさせようとしたらしい。毎晩寝ているときに、パーソナルをしている夢から離れられなくなるのだ。昔から就寝中にウロウロしてしまう僕は、この頃も就寝中にいきなり起き上がりパーソナルをしようとしてしまう。時々、パーソナル中に寝てしまう夢を見て「今、寝てましたよね？」と言われて、「寝てないですよ！」とごまかす夢にも悩まされた。朝まで「寝てないですよ！」「寝てないですから！」と繰り返し、寝た気がしない日々が続いた。

トラックを運転して医療廃棄物を回収する仕事は、肉体的にはキツい仕事だが、ひとりでペース配分しながらできる。自分の好きな頃合いでコンビニに駐車して食事もとれたし、気を遣う人もいないので、気楽な部分が多い。一方、パーソナルトレーニングは1対1で行う指導であり、対人の仕事だ。ホストとまではいかなくても、ある意味、お客様を納得させる接客技術が欠かせない。1日中ほぼひとりでいる仕事から、1日中対人の仕事への変化は、肉体的には楽でも精神的には今までとはまったく異なるため、慣れるまでにはかなり苦労した。加えて、自分がデザインしたのだが、ムードを醸し出すスポット照明で薄暗いジムの中で終日、幽閉状態での仕事は息が詰まりそうにもなる。閉鎖的な空間からとにかく外へ出たいという衝動に駆られることが度々ある。いつも薄暗いジムにいることで、視力は明らかに低下した。

日本選手権に向けた準備を考えると、このままでは手が回らなくなると思い、株式会社近藤にスタッフ増員の助けを求めた。そして、近藤で働いていたボディビルダーの長谷川渉選手を配置してもらえることとなる。長谷川選手は、僕が勝てずにいた愛知県選手権で2014年にオーバーオール優勝し、2019年には東海選手権も制した三重県出身のボディビルダーである。今もジュラシックアカデミーを支える唯一の社員であり、メイントレーナーとして頑張る存在だ。

2017年10月9日に東京で開催される日本選手権に向けた調整は、4月から始めた。例年は6月からだが、いつもより2キロ落として仕上げたかった。ジムをオープンして忙しく、出場しないという選択も考えたが、オープンした年だからこそ記念になるだろうと考え直して参戦した。92キロからスタートした減量は順調に推移し、当日は82・5キロ。目標としていた80キロより2・5キロも重いが、甘くて重いのではなく、調子が良すぎて体重があるまま絞れる最高の状態だった。

しかしそんなことはお構いなしに、14回目の挑戦である日本選手権でついた順位は、なんと過去最低の11位。ついにやっちまった…。もう呆れるしかない。このときの12位は加藤直之選手で、加藤選手はバランスが非常に良くて筋密度も高い、素晴らしいボディビルダーだ。2016年には日本クラス別選手権70キロ以下級で優勝し、日本選手権でも4位に着けた実力者である。その加藤選手がこの年は明らかに調子を崩していて、欠場も考えていたという。その点を考慮すると、実際には僕が12位でもおかしくない。

自分の名前を冠したジムをオープンしていただいた記念の年に、最低順位の記録を樹立。大会を終えた後、ジュラシックTシャツを着て応援に駆けつけてくれた多くの仲間たちの姿を見たらこらえ切れなくなり、僕は嗚咽を漏らしながら泣き崩れた。

「ジュラシック最終章」の始まりも新たな取り組みとケガの功名で復活の兆し

ジュラシックアカデミーをオープンした2017年の日本選手権は、まさかの11位という最悪の結果に終わった。さすがに11位まで順位を落とすと、俺の時代はもう終わりだと自分に言い聞かせる僕がいた。これまでなんとか踏ん張り続けてきたが、年齢を考えても「落ちていく順位に抗うのも、現実として難しいのかな」という気持ちになる。もちろん諦めきれないのだが、「今が選手としての引き際なのか?」と自分に問いかける日々が続いた。ただ、これで終わりにしようという思いにはなれない。自分の名前のついたジムをオープンしていただいたのだから、もう一度だけ挑戦してみようと思う。

2017年2月から営業を開始したジュラシックアカデミーで、この年だけでパーソナルを受けてくださった方はのべ2500人。この出会いには感謝しかない。15年間の肉体労働から離れ、他の多くのファイナリストと同じように、ボディビルやフィットネスにつかる仕事となる。選手として集中するには、環境としては最高に違いない。それにより、今まで以上にトレーニングについて考えるようになる。

2017年の年末には忘年会を、そして2018年の年明けには新年会を、ジュラシックアカデミーで開催した。「トレーナー業をサービス業ではなくコーチ業としてやっています。厳しいことを多々言わせてもらいますが、『こいつに言われたら仕方ない』と納得していただけるように、僕もナチュラルの限界をこれからも追求していきます！」と新年の挨拶をさせていただいた。

僕は、トレーナーを接客業とは考えていない。コーチ業だと考えている。僕の頭のなかにいた鬼コーチが、外に出てきて仕事をしていると考えてもらえたらいい。「鬼コーチ」を知るのは自分だけなので、誰にも理解してもらえないだろうけど。とにかく自分はコーチであり、クライアントの気分を良くするためについているわけではないのだ。いかにしてクライアントの能力を最大限に引き出し、トレーニングの醍醐味やコツを体得していただくか。そしていつか、ひとりでもトレーニングできるようになる。これが僕の目指すパーソナルトレーナーの仕事だ。竹刀を振りかざして「オラ、挙げろ！」と言うような鬼コーチではない。根性も必要だが、根性論を押し付ける気はないし、体育会系のノリも嫌いだ。

あるとき、東京から若い有望選手がジュラシックアカデミーへ遊びに来た。人気・実力ともに急上昇を続ける横川尚隆選手だ。横川選手は２０１５年のＪＢＢＦオールジャパン・メンズフィジークの優勝者で、その後はボディビルに転向。２０１６年に日本ジュニア選手権で優勝している。２０１７年にはミスター東京、そして日本クラス別選手権の80キロ以下級で優勝し、日本選手権は初出場で6位に入賞した。日本選手権初出場での6位入賞は、僕が２００４年に達成して以来、誰にも破られていなかった記録だ。「ジュラシック木澤に憧れてボディビルダーを目指した」と慕ってくれる才能あふれる選手。僕にとっても日本ジュニア選手権優勝、日本選手権初出場6位入賞とまるで自分の軌跡をたどるようで、親近感を覚えている。

彼のトレーニングは直感型で、頭よりも感覚を優先するところが、僕の若い頃によく似ている。似ていないのはプロポーション。均整が取れて、バルクもある素晴らしい体をしているのは、皆さんもご存じの通りだろう。

その横川選手がジュラシックアカデミーを訪ねてくれて合同トレーニングが実現した。伸び盛りの若い選手との合トレは、本当に力をもらえる。お互いの良いところを盗もうとする目つきは真剣そのものだ。トレーニングに正解はない。自分の信じた方法を迷いなく、徹底的に追求する横川選手の姿勢に感心させられた。2日目には安井友梨選手も参加して、傍目にはかなり豪華な合トレとなった。

２０１８年10月7日に大阪で開催される日本選手権に向けた1年が始まる。２０１７年から２０１８年にかけたシーズンはヒザの調子が悪く、これまでの重量を使う脚トレができない。仕方なく、全種目において15ＲＭ（一生懸命努力して15回くらいできる重量設定）でやるような重量設定に変更した。加えて脚トレについては、効かせる感覚をさらに磨くことを心がけた。小さなケガは日常茶飯事的だが、ケガをマイナスと捉えず、トレーニングに対するアプローチについて考える機会になると思えば、それもまたチャンスだ。

43歳になり、「木澤はもう終わりだ」という周囲の雰囲気に、ネガティブな気持ちになることも正直ある。この10年間「普通に減量すればいい」という自分と、「同じことを繰り返してもダメだ」と結果が出ないことに焦る自分がいた。そして、いろいろなことを試し続けていた。「これはダメだ」「じゃあ元に戻そう」「いや、違う。より絞るんだ」「自分の強みはバルクだろ」――。こうした考えが交互に出てくるので、毎年のように迷宮にはまり込んだ10年でもあった。

昨年の11位という結果を受け、２０１８年の日本選手権は「ジュラシック最終章」として取り組んだ。バルク派と言われ続けているが、要はそこも含めてクセのある体が特徴だ。クセが強いというのは、裏を返せば弱点が多いということでもある。そこをカバーするにはポージングを改善して、いかに弱点を見せないかという技術的な部分に着手しないことには、競技としてのボディビルでは通用しない。そこで、ついにポージングの強化に力を入れることにした。

食事面では原点回帰し、この頃に多用していたトレーニング中のカーボドリンクに加えて、トレーニング中とトレーニング後のカーボ摂取をやめてみた。その代わりにゴールドジムＢＣＡＡアルギニンパウダーの量を倍にすると、トレーニング後半でもエネルギー切れが起こることなく、筋量が削られる感覚もないまま減量が進んだ。

この結果、15回連続出場の日本選手権では11位からなんと6位に返り咲いた。信じられない！　自分なりの勝因は、ポージングが改善できたことと、脚のカットが良かったことだろうか。脚に関しては、膝を壊して効かせるトレーニングに替えたことが、好結果を生んだのかもしれない。こういうのを「ケガの功名」と言うのだろう。また、ジュラシックアカデミーで開始したジュラシック式筋膜リリースをかなりの頻度で受けたのも、カットを鮮明にするのにかなり有効であると感じた。２０１２年以来6年ぶりの6位復活。あれだけ嫌いな「6」という数字が、とてつもなくうれしい「6」に変化した。

これこそが復活！　10年ぶりの歓喜のファーストコール

２０１８年の日本選手権で、にわかには信じられない6位に復活した。表彰の段階で順位ごとに横一列に並ぶと、隣は4位の田代誠選手。その田代選手から「おかえり！」と声をかけていただいた。思わず目頭が熱くなる。

田代選手は鹿児島出身。若くして上京し、ゴールドジムに入社してトレーナーからのたたき上げで、現在はゴールドジムを運営する株式会社ＴＨＩＮＫフィットネス取締役にまで上り詰めた社会人の鑑のような人だ。23時頃まで働いた後にゴールドジムイースト東京でひとり、トレーニングをする姿は、仕事とトレーニングを頑張るトレーニーの見本として、僕も本当に勇気を与えていただいた。19歳で大会に初めて出場すると、２００１年から日本選手権を4連覇しており、ボディビルダーとしても頂点を極めている。

僕が低迷して悩んでいるときに、仕事で訪れたゴールドジム名古屋金山で、ご自身の仕事が終了した後に何度も、ポージングの指導をしていただいた。今回の順位回復の手助けになったのは間違いない。「おかえり！」。そう、帰ることができたのだ。諦めずに続け、耐え続けたことで、6位という順位に帰ることができた。しかし、まだこのときは「まぐれなのではないか？」という気持ちのほうが強く、この順位が信じられなかった。「復活」という言葉を使うのも、とまどう。喜びたい気持ちを落ち着かせるよりも、「2019年も順位が落ちなければ本物だろう」と来年に向けた不安のほうが大きい。この年、横川尚隆選手はわずか2回目の出場で2位につけている。勢いのある若者はとてつもない。

2008年に4位になり、そのときはすぐに頂点までいけるという思いが強かった。ところが、そこから順位を上げるどころか、ひとつずつ下げていき、最終的には11位まで落ち込んだ。「木澤は終わった」とささやかれ、それでも「自分はこんなもんじゃない」という気持ちで諦めずに続けてきた。その一方で「もうやめたらどうだ?」と言う自分がいたのも事実だ。すべてやめてしまえば、この苦悩から解放される。「早く『やめる』と決断するんだ!」、そんなふうに思う自分がいた。

競技ボディビルについて、その結果は審査員が左右する。審査員も人間だ。落ち目の人間が良く見えるはずがない。過去にも、順位を下げていく選手がそこから上位に再び戻るというのは、あまり例がないのではないだろうか。11位まで下がれば、予選落ちも覚悟したほうがいい。そう思いながら出場した15回目の日本選手権で、6位に戻ることができた。11位まできたときに頭のなかを過ぎる「引退」の二文字。「もう1年だけ『ジュラシック最終章』としてやってみよう!」と思い直し、リベンジを誓って出場した大会だが、諦めなくて本当に良かった。

2019年に入ると、ジュラシックアカデミーにも大きな変化があった。ジュラシックアカデミーの運営が、株式会社近藤から木澤大祐に譲渡されたのだ。今回はこちらから懇願し、近藤と折り合いをつけた。いよいよオーナーとしての門出だ。

自分がオーナーになるためには、ある程度のまとまった資金が必要だが、今の経営状態であれば見込みの年間売上高の算出がすぐに可能で、銀行からの借り入れが必要だが全てスムーズに進んだ。ただ、17年前の失敗から、借金を抱えることには恐怖を感じた。しかし、今回は状況がまったく違う。既にパーソナルの予約は満員で、月初に受け付けを始めると2~3日で予約の枠が埋まる盛況ぶりだ。現在、パーソナルは杉中一輝選手と長谷川渉選手と僕の3人で行う。自分のジムとなることで、今後はより一層責任が重くなるだろうが、その分、やりがいも増えるに違いない。

ジムをつくっていただいただけでも感謝するところだが、さらには自分のジムになるということで、15年前の近藤との出会いにあらためて運命を感じた。もし近藤よりも楽な仕事に転職しようとしていたら、今のジュラシックアカデミーはない。そもそもジムをオープンする気はまるでなかったので、近藤で仕事とボディビルを両立させたことが、自然とこの道をつくる形となった。若い頃にあれだけトレーニングにハマっていた自分を後悔していた頃とは違い、トレーニングで自分の人生が明らかに変化していくのを感じた。

2019年は2020年に向けてモチベーションを高めるという意味で、9月22日に神戸で開催された日本クラス別選手権に急きょ出場した。この年のアジア選手権への出場権を得たいという考えからだ。

日本クラス別選手権に出場するのは、2015年以来4年ぶりになる。日本選手権以外の大会に出るのも、そのとき以来だ。出場したのは85キロ以下級。佐藤茂男選手の仕上がりが凄まじく「負けた」と感じたが、かろうじて優勝できた。佐藤選手は２０１３年の日本クラス別選手権80キロ以下級で優勝、その年にミスター東京を制した。２０１４年にはジャパンオープンでも優勝しており、その脚の迫力から「脚男」の異名をとる選手だ。ここで勝利はしたものの、あまりにもすごい〝脚男〟の脚を目の当たりにしたことで、３週間後の日本選手権に向けて完全にスイッチが入る。

２０１９年10月14日の日本選手権は、16回目の挑戦になる。前年の６位という評価が本物なのかが問われる大一番でもあるので、久しぶりにプレッシャーを感じた。今大会の注目は、９連覇を成し遂げた絶対王者である鈴木雅選手が欠場したことで、新王者が誕生すること。優勝候補の最右翼は昨年２位の横川選手。自分はあくまでも自分の体だけに集中した。

すると、田代選手、加藤直之選手、須山翔太郎選手、横川選手、合戸孝二選手に加えて、ついに自分もファーストコールに返り咲くことができた。今年はファーストコールの選手の後ろ姿を、取り残された後ろの列から見て行う反省会はない。ファーストコールで呼ばれるのは２００８年４位のとき以来、10年ぶりだ。10年間、ファーストコールで呼ばれた選手が比較される姿を、後ろから見つめてひとりで反省会を行う時間を過ごしてきた。そして、その光景に慣れてしまう自分がいた。

10年振りにファーストコールに呼ばれたときは、「これこそが復活だ！」と確信した瞬間でもあった。ジュラシック木澤は蘇ることができたのではないか？　そう思ったことを今も鮮明に覚えている。

10年以上かかって判明した不調の要因とは

2019年の日本選手権で、10年振りにファーストコールに呼ばれ、完全に復活したという実感を得ることができた。

結果は4位。優勝は横川尚隆選手で、2位には須山翔太郎選手が、3位には加藤直之選手がつけた。この3人に続く4位という順位は、2008年に記録した自己最高順位タイということになる。4位という景色は、一度見ているはずなのに、そのときとはまったく違うように見える。それは、以前は4位になれたことで「もう楽勝だ！」という気持ちでいたところから、ズルズルと順位を下げ、最終的には後がない11位まで落ちたからだろう。11位のときには「完全に終わった…」と感じた。再び4位に戻るまでの苦悩や疲れが、少し和らいだ気がした。

日本選手権に挑戦するのは2004年、29歳の初出場から数えて16回目になる。どの年もベストコンディションで出場しているつもりだし、実際の自分の感覚はそうだ。「今年はよく絞れている」という年もないし、「今年は甘くてダメだな」という年もない。ボディビルが比較競技である以上、自分がまったく同じ状態でも、他の選手の状況により順位は上下することがあるのは理解できる。また、人間が審査を行うのだから、上り調子の選手が有利で、下降曲線を描いている選手の採点が辛めになるのもわかる。

常に全身全霊を懸けて、全力で取り組んできたが、下がり調子のときは何をしてもダメだ。自分が鈍感なだけなのかもしれないが、自分のなかで体感的に良し悪しの波がないので、その理由がわからない。自分では毎年ベストな状態で出ているはずなのに、合戸選手から「今年はすごく絞れたな」と褒められたこともある。けれども、自分ではそういう感覚がないのだ。

5年前の2014年にも、メディアから「すごく絞れている」と言われたが、結果は9位である。そのときもやはり自分ではベストな状態でありながら、順位は6位から8位、そして9位に落ちているのだから、自分のなかでは訳がわからない状態だ。結果が出なければ新しいものを試すが、そこでも順位が落ちたことで、周りの評価や言葉を信じられない自分がいた。

長い大会出場歴を冷静に見返してみると、明らかに調子が上向いた時期が2度ある。

一度目は2004年のジャパンオープンで優勝したとき。日本選手権にも初出場して6位入賞した年だ。そのときに何が起きていたのかというと、トレーニングにはまったくというほど変化はなく、減量方法も多少の変化はあるがほぼ変わらずにいた。大きく変化したのは環境だ。

佐川急便での地獄のような労働環境に加えて、トレーニングを強行したことにより、毎日の睡眠時間は3~4時間。当たり前だが回復ができていない状態が続いた。ここから株式会社近藤に仕事を替えたことにより、同じ肉体労働ではあるものの、佐川急便の地獄のような労働環境に比べれば天国と思えるほどに、肉体的な負担が少なくなり、精神的にも楽に感じられるようになった。つらいときに何とか耐え、レベルを落とさないようにトレーニングしていたことで、環境が楽に変化した途端に、その踏ん張りが成長に変わるというわけだ。

その後10年に渡り、一度だけ順位が回復したときがあるのだが、押し並べてみれば下降曲線をたどった。一時は過去最低である11位まで順位を落とした。その後、また上向いて4位という順位に返り咲くことができたのだが、それではこのときに一体何が起きていたのか。

これもまた環境の変化だ。しかし、近藤での仕事も、肉体労働であることには変わりない。深夜3時に家を出て昼頃に仕事が終わり、午後にトレーニングをするので、結局のところ睡眠時間はかなり短いことが多かった。そこからパーソナルトレーナーという職業に変わった。肉体労働から解放されたこと、そして夜から朝まで安定して睡眠時間が長く取れるようになったことが、復活に直結したのではないかと感じている。

どちらの場合も、鍵となるのは回復の部分だ。

トレーニングの強度や頻度も、トレーニング中に扱う重量も、有酸素運動の有無や時間も、あるいは食事に関して脂質の摂取量やPFCバランスも、まったく関係がないわけではない。それでもなぜか、睡眠の時間や質というものに関しては、今まであまり気にしなかった部分である。

ナチュラルで筋肉を大きくするには「筋肉自体への高負荷＝強度の高いトレーニング」「バランスの取れた栄養」「質・量ともに十分な休養」が必要といわれる。

トレーニングに関しては、14歳でやり始めたときから体得できていたと自負している。しかし栄養と休養に関しては、ないがしろにしていたとまではいわないが、軽視していたのは否めない。それは自分のなかにある「ハードに追い込んでトレーニングさえしておけば筋肉は発達する」というような考えによるものだ。鍛え始めた中学生の頃は、好きなだけトレーニングをした。それこそ懸垂を3時間も4時間もしたし、学生時代には4~5時間トレーニングしていたこともある。それでも、中華料理屋でバイトを始めるまでは仕事もしていないし、好きなだけ眠る時間も確保できた。

今にして思うと、ジムでオッサンにいわれた「そんなにできるのは今のうちだ」という言葉の意味がよくわかる。それはトレーニングに限ることではなくて休養、すなわち質・量ともに十分な睡眠に関してもそうなのかもしれない。

思い返してみれば、佐川急便時代は睡眠時間が3~4時間しかないのに加えて、夢遊病の状態でいたことを考えると、睡眠の質自体も相当に劣悪だった可能性がある。ジュラシックアカデミーで車の運転をすることもなく、日中は立ち仕事とはいえ、重い荷物を運ぶこともないし、僕の指導法では補助をすることがほとんどないので、肉体的には非常に楽な生活環境に一変した。まとまって寝る時間も得られている。

そうしたことが、11位からの急激なV字回復に直結しているのではないかと感じる最大の要因だ。競技をしている上では、順位がいいときも悪いときも、どちらもその原因が自分なりにわかるということがいかに大事かということを、今更ながらに理解した次第だ。

目的は「本物を残す」こと ジュラシック木澤チャンネル開設

2020年は日本中、いや、世界中がパンデミックで混乱していた。JBBFにおいても、その長い歴史で初めて、すべての大会の中止を決定した。

木澤大祐45歳、大会出場歴は26年になる。ただし出場していない時期があるので、連続出場ということになると2003年からになる。17〜18年間、毎年夏には大会出場のために10キロ近い減量を続けてきた。それがこの年は、する必要がなくなってしまった。どうにも変な感じだ。この感覚を現役引退した後にも感じることになるのだろうが、大会に出なくても夏には減量しそうな気が今からしている。

ジタバタしても始まらない。大会はすべて中止で、ゲストもない。外出は制限され、集団での行動も差し控える必要がある。だからといって、閉じこもったまま1年を過ごすというのも非常にもったいない。

この数年前から「ジュラシック最終章」を意識し始めた。11位というジュラシック史上最低順位に到達した頃の話だ。トレーニングは大好きだから一生続けていくだろうが、大会出場はどこかで区切りをつける必要があると感じていた。そこで「自分のやって来たもの＝ナチュラルボディビルディングを何かの形で遺したい」という思いに駆られていた。その折に、このパンデミックである。日本選手権に出ないことで減量の必要もなく、時間的余裕ができ「やるなら今しかないでしょ！」と思いＹｏｕＴｕｂｅ「ジュラシック木澤チャンネル」を開設するに至る。以前、ブログをしていたことはあるが、今は発信するなら絶対に動画だという思いからＹｏｕＴｕｂｅしかないと感じた。

しかし、自分だけでやるのは絶対に無理だと理解していたので、以前から映像でお世話になるマッスルメディアジャパンの織田正幸社長に相談したところ「世界のミッツ」で知られる岡部みつるさんを推薦していただき、お願いすると快諾を得られた。チャンネルを開設する前も今も同じだが、僕自身はＹｏｕＴｕｂｅをほとんど見ない。そもそも一日にパーソナルを6~7本ほど行い、自分のトレーニングをしていたら、ＹｏｕＴｕｂｅを見る時間がない。せいぜい自分のチャンネルを確認するくらいだ。若者は、今ではテレビよりもＹｏｕＴｕｂｅやＴｉｋＴｏｋを見るらしく、そうした情報はパーソナルのクライアントさんやジムに来る自主トレ会員さんからもたらされる。

巷にあふれている動画には、疑問を感じるものも散見される。これはＹｏｕＴｕｂｅの特性で、閲覧回数を稼ごうとすると「極論に走る」傾向にあるからだ。「これしかやらなくていい！」などというものは、その典型といえる。ダイエットでもよく「〇〇ダイエット」などのように「ひとつの食材だけを食べていれば痩せる」というものに画期的だと人が飛びつくが、よく考えれば健康的に痩せられるわけはなく、そういうものはすぐに廃れてしまう。ダイエットにも、ボディメイクにも、近道など存在しないのだ。

そんな「人の目を惹く極論」が飛び交うなかで、トレーニング歴30年以上の実体験を通じて得た知識は絶対に人の役に立つという信念の下、「本物を残す」という目的を基本とした。「残す」というのは、ただ動画を撮って記録を残すのではなく、トレーニングに関した「遺産を残したい」ということだ。大袈裟な話かも知れないが、これからトレーニングを始める人やトレーニングに行き詰まる人など、トレーニングに関した情報を必要としている人に、30年以上かけて実際に自分の体を使い、思考錯誤して得た情報を惜しげなく「遺したい」と思う。トレーニングに正解はないし、どの方法にもそれなりにいいところはあるかもしれないが、少なくとも僕が実体験して来たことをもとに、正直に発信し続けたいと思う。「ジュラシック木澤の終活」と考えていただければ、わかりやすいだろうか。

ＹｏｕＴｕｂｅを始めたというと「金儲けが目当てか?」などと揶揄されることもあるが、毎日30年以上トレーニングしている人間が発信しているというだけで、僕はＹｏｕＴｕｂｅｒではない。お金儲けや登録者数を増やすことが目的ではないのだ。だから特別な企画ものも少ないし小細工もほぼない。

登録者数は開設２カ月で２万７０００人に到達し、２０２５年２月には12万人弱にまで増えている。これは「本物をアップし続けた」結果だと思う。ここでいう本物とは、先ほども触れたように、「閲覧数を稼ぐための極論」などではなく、「トレーニングの本質」についての動画を公開しているという意味だ。

ここでひとつ、非常に難しいのが「トレーニングの本質とは非常に地味で、動画としては退屈に感じる」ということだ。筋肉を発達させるには毎日、そして長きに渡り継続することが最も重要だ。僕のパーソナルを受けに来る人は、記念で来られる方もいるが脚トレが圧倒的に多い。地獄のようなつらさ、できない重量を担がされてのスクワットなどを想像しているようだが、僕のパーソナルでは、まずフォーム矯正などから始める。そのため、スクワットをやるとしても、いつもの重量よりほぼ軽くなる。脚トレのパーソナルを終えたクライアントさんたちは一様に「軽いのにこんなにキツいんですね！」と言い残して帰路に着く。そのときの感覚を1日だけの特別イベントのように感じている人も多いが、そうはしてほしくない。

多くのJBBFのトップボディビルダーは毎週、このような強度の脚トレを当たり前のように行うのである。それを年間を通して、さらには何年も継続して初めて、ステージで人に見せられる筋肉を得られる。この地味につらいものが「本物」なわけだが、こればかりをアップしても再生回数は伸びない。「遺産を残す」と頑張ったところで、見てもらえなければ意味がない。ここはジレンマを感じる部分でもある。基本的には奇をてらった編集に凝るものなどには走らないように心がけ、「トレーニングの基本」に忠実な、言い換えると「飾らないトレーニング」を中心にアップしている。

ＹｏｕＴｕｂｅを始めて感じたのは「ジュラシック木澤」という名前が意外に知られていないこと。10年以上前からテレビにはよく呼ばれるし、芸人さんとの交流も多くネタにも名前を入れていただいているので、一般的にも認知度は高いほうだとうぬぼれていた。「ＹｏｕＴｕｂｅで初めて見ました！」と、写真やサインを求められる方が非常に多いのだ。ＹｏｕＴｕｂｅを始めて良かったことのひとつは、これまでボディビルに興味がなかったファンが増えたことかも知れない。ひとりでも多くの方に、ナチュラルボディビルの素晴らしさを発信できればと思う、今日この頃である。

早々にミスター日本戴冠を確信した数十年にひとりの逸材・相澤隼人

２０１９年の日本選手権でひとり、ものすごい若者がデビューした。相澤隼人選手だ。わずか13歳でトレーニングを始め、高校チャンピオン（高校3連覇）を経て、２０１７年に日本ジュニア選手権優勝、２０１9年には史上最年少（21歳）で東京選手権を制し、その勢いのまま日本選手権に初出場して9位入賞を遂げていた。注目しているのはボディビル界だけに限らない。日曜日の昼前にフジテレビ系列で放送している、将来有望な若手アスリートを発掘する番組『ミライ☆モンスター』でも、何度も密着取材を受けていた。明らかに完成度が高く、僕とは真反対のバランスの良い体躯をしている。もちろんバルクもたっぷりとある。

２０２０年7月7日から始めたＹｏｕＴｕｂｅ「ジュラシック木澤チャンネル」は、この頃には登録者数が5万人を上回るほどに成長していた。チャンネルではＪＢＢＦのトップ選手との対談動画もアップしていたので、相澤選手にも登場してもらうことにした。２０２１年5月のことだ。その対談のなかで驚いたのは、トレーニング歴が9年足らずであるにもかかわらず、トレーニングやケガなどほとんどのことについて僕と共感できるほど、既に経験していたこと。相澤選手は僕よりもふた周り近く離れているので、親子だとしてもなんらくおかしくない年齢なのだが、ナチュラルでトップを狙う選手として、同じ道を通ってきていることがうかがえる対談だった。

このとき、相澤選手に加えてお兄さんである相澤飛鳥選手と相澤翼選手の2人も加わりポーズをしてもらった。ここで強烈に感じたことがある。第一に、相澤選手は2019年に日本選手権で初めて見たときのあどけなさがなくなり、精悍なボディビルダーに成長していたことだ。そしてもうひとつは、このときは9月11日に行われる日本クラス別選手権に向けた減量中だったのだが、僕にはポーズをとった瞬間に、間違いなく今年の日本選手権を彼が獲るという未来予想図が描けたことだ。これはもしかしたら、同じ日本選手権に出場しようとしている選手なら、口にすべきことではないのかもしれない。少なくとも勝敗が懸かった試合に挑むアスリートとしては。けれども、相澤選手の完成度は、そんな細かな思惑は吹き飛ばすだけのインパクトを秘めていた。これは僕だけが感じたのではなく、相澤選手が師と仰ぐ鈴木雅選手も同じ意見で「2021年日本選手権チャンピオン相澤隼人確定説」を公の場で語っていた。相澤選手とのコラボ動画は、数字を求めていないジュラシック木澤チャンネルでもかなりの再生回数を記録し、今なお人気の動画である。

相澤選手はこのとき弱冠22歳。この若さでこれだけの筋量とバランスを誇るボディビルダーは何十年にひとりの逸材だろう。しかし、それゆえにSNSの標的に晒されていた。「どんなサイクルで使っているんですか?」というように、薬物使用を疑うのではなく、薬物使用を前提とした質問がくるという。「正直、嫌ですね。こっちは24時間ボディビルのために努力しているのに、それを『薬使ってるんでしょ』というひと言で片づけられるのは」と憤慨していた。僕も、若くして日本ジュニア選手権で優勝した頃から、散々浴びせられた言葉だ。他の選手を見たときに、そのすごさを「薬」や「素質」のせいだと思ったら、その瞬間に自分の成長は止まる。相澤選手は、薬物を使用しないことに関して「自分の才能を否定したくない」と語っている。薬を使うことによって、もし巨大な筋肉を得たとしても、それが自分の努力で得たものか薬物の力で得たものか、見分けがつかなくなるというのだ。

僕は思う。ボディビルという競技は「筋肉をどこまで増やせるのか」ということが根底にある競技だ。薬を使ってしまえば、競技の本質そのものが崩壊してしまう。それなら、筋肉のようなものを体に埋め込めばいい。そのほうが薬物による副作用などもなく、よっぽど健康的かもしれない。

バルクのある選手は誰もが同様なのか、相澤選手も薬物使用についてかなり揶揄されているようだった。これは社会のモラルの問題であり、ナチュラルボディビルダーがもっとアンチドーピングの啓発活動などを積極的に行わないといけないのかもしれない。

ついでなのでアンチドーピングに関する自論を述べさせていただく。正直、「どうでもいいこと」というのが僕の意見だ。使わないことが当たり前なので、本当にどうでもいいと思っている。そのために啓発活動をしたり、ＹｏｕＴｕｂｅで対談するたびに「アンチドーピング」について話したり、とにかく「使わないことが当たり前すぎる」ので、必要性を感じない。僕や相澤選手を含めたＪＢＢＦのトップ選手は「このくらいならナチュラルでもなれる」という指標でもあるので、夢や希望を失わず、薬物には手を出さず、正々堂々と筋肉を究めてほしい。スポーツ選手は、子どもたちが憧れる存在でなければならない。もちろん、その競技を通して憧れることもあれば、人としてカッコいいと思ったり、ああいうふうになりたいと思う象徴でなければならない。もし僕が薬を使って筋肉を増やしたのであれば、子どもたちはどう思うだろうか。そう思うと、薬物に手を出すというのは自分のなかで絶対にあってはならないことだと思う。

2020年の大会はパンデミックで消滅したが、迎えた2021年の日本選手権は東京で開催された。KENTOくんの指導で減量はスムーズに進み、過去最高の仕上がりといっていい。毎年のように「過去最高」と発言しているが…。相澤選手は9月の日本クラス別選手権80キロ以下級で、選手経験の長い髙梨圭祐選手を抑え、見事優勝している。

加藤直之選手、須山翔太郎選手、僕、そして相澤選手の順番でファーストコールに呼ばれた。4選手による比較なので、センター（明確な1位候補）はいない。この立ち位置だと僕は上位2名ということになるが、既に相澤選手の優勝は覚悟していたので、順当にいけば2位になれるという希望を持っていた。これまで17回出場してきて最高順位は4位なので、2位の景色がどのようなものか、想像もつかない。表彰台に立った経験もないので、3位以内に入れば新しい景色が見られるということだ。

しかし、やはりファーストコールというのはいいものだ。ファイナリストとして12名に残っても、そこに選ばれるのは今回なら4人のみ。少なければ3人、多いときには6人の場合もある。いずれにせよ、選ばれし者のみが享受できる称号であり、これにより上位争いが確定される。そんなことを感じながら、審査は熱を帯びて進んでいった。

自分史上最高順位に到達し「やり切った」と感じられた日

ボディビルの大会では比較審査において、7つの規定ポーズで審査を行う。フロントダブルバイセプス、フロントラットスプレッド、サイドチェスト、バックダブルバイセプス、バックラットスプレッド、サイドトライセプス、アブドミナル&サイだ。また、規定ポーズに入る前のリラックスポーズと呼ばれる立ち姿勢からして、僕は苦手意識が強い。リラックスポーズをごまかそうとして失敗した2004年のアジア選手権からは随分経つが、そんな苦い思い出が頭をかすめる。

ファーストコールによる規定ポーズの声がかかる。JBBFの競技運営委員で、進行を担当する角田和弘さんだ。さぁ、落ち着いていこう。大会出場歴28年になるが、規定ポーズの最初のふたつが苦手だ。フロントダブルバイセプスとフロントラットスプレッドでは、相澤隼人選手をはじめ、加藤直之選手も得意にしているポーズである。このふたつに関しては、自分の良いところを見せるというよりは、傷を最小限に留めるという作戦でいく。得意のサイドチェストに入ってからが勝負だ。

「サイドチェスト!」の声がかかると、横一列に広がっていた4選手がチャンピオンの相澤選手を追い詰めるかのごとく、ぐっと距離を縮める。厳正なる審査の場ではあるがファンサービスの意味も込めて、ファーストコールではこれが一番の盛り上がりの場となる。サイドチェストの次にくるバックダブルバイセプスも、自信のある得意ポーズだ。最初のふたつの失点は、次のふたつで盛り返せているのではないだろうか。会場のボルテージも最高潮に達している。依然としてコロナ禍にあるため、声援は禁止されているが、客席の興奮が収まりをみせず、ところどころで歓声が上がる。正直、ステージでポーズをとっていると、自分がどう見えているのかはよくわからない。それでも、観客の反応を見ているといい感触はある。

決勝審査のフリーポーズも無事に終え、ポーズダウンが始まる。例年、日本選手権は身長順でゼッケンが決まるのだが、この年のみ、エントリー順でゼッケンナンバーが決まった。僕は9番。隣の10番はゴールドジム名古屋金山で一緒に汗を流していた松尾幸作選手だ。そして、この日のメインMCはなんと、僕の放った一言でボディビルの世界に足を踏み入れてしまった正道会館総本部師範である角田信朗氏。その角田師範から「皆様、波乱か順当か？　今、手元にある結果表は大変なことになっております！」との言葉が発せられた。「大変って、何が？」と思う間もなく、12位から順番に選手の名前が呼ばれていく。8位には、愛する弟分・松尾選手が呼ばれた。4位には加藤選手。ステージに残ったのは相澤選手、須山翔太郎選手と僕の3人だ。この時点で既に、過去最高順位の4位は超えた。表彰台が決まった。この先は、経験したことのない未知の世界だ。

3位でコールを受けたのは須山選手だった。ステージ上は相澤選手と僕のふたりのみ。最後の順位が発表される瞬間というのは、日本選手権に初出場した2004年からずっと見てきた光景だ。初めてのときには田代誠選手が優勝した。合戸孝二選手が自分の名前が2位でコールされた瞬間に見せた、子どもが拗ねたような顔を今も覚えている。次の年には田代選手が2位で、合戸選手が優勝。このときは合戸選手が「してやったり」という顔をしていた。その後も谷野義弘選手や須江正尋選手が最後のふたりに残る時代があり、2010年からは鈴木雅選手が田代選手や合戸選手と、この場面を盛り上げてきた。

僕は、常にそのシーンを見守る立場にいた。後ろから見ていたあの景色を、ついに自分が経験する番がきた。会場の観客がふたりだけに注目している。「やっと味わえた！」と、胸の奥にジーンと熱いものが込み上げてきた。

「長年に渡ってボディビル界を背負って来たジュラシックが初戴冠を達成するのか、それともミライモンスターがリアルモンスターに進化するのか？　どちらが優勝しても初戴冠です！」。順位発表前の角田師範のアドリブが冴え渡る。しかしながら自分は冷静で、どんなに大変なことになっていても、優勝するのが相澤選手だということは既に覚悟を決めていた。そして2位のコールで自分の名前が呼ばれた。声援禁止のはずだった会場では、抑えきれなかった叫びとも悲鳴ともつかない咆吼が上がっていた。

14歳で腕立て伏せを始めてから32年の月日が流れていた。18歳で愛知県選手権新人の部に出てから28年、ボディビルダーとしては29周年になる。日本選手権というナチュラルボディビルダーの最高峰を決める大会に出場し続けて17回目。自分の最高位である4位を上回る成績にたどり着いた。ついにここまで来られた。

相澤隼人という日本のボディビル界を背負っていくであろう、若きチャンピオンが誕生する瞬間を最も近くで見られたこと、一番に祝福してあげられたことが何よりもうれしかった。それと同時に、諦めずに踏ん張り続けたことが今の結果につながったことを実感し、とてつもない達成感を感じた。この達成感は、ある意味「やり切った感」と言えるかもしれない。今まで28年に渡り、現役として数えきれない大会に出場し、ほぼ毎年厳しい減量に耐えて体を仕上げてきた。それでも「やり切った」と感じたことは一度もなかった。だが今回は、確実に将来を期待できる新たなチャンピオンに未来を託すことができると実感したからだろうか。自分なりに背負ってきた「日本のボディビル界」を彼に任せ、安心して立ち去ることができると感じたからだろうか。それとも、どん底から這い上がることができたことへの感慨深さだろうか。そんな気持ちが入り混じった、やけに清々しい夜だった。

観客席に向かうと、全国から足を運んでくれたお揃いの応援Tシャツを着た応援団が待ち構えていて、皆が喜んでくれた。11位になったときに号泣したのは僕だが、このときはファンの皆が泣いていた。

日本第2位のナチュラルボディビルダーという称号を授かって1週間が過ぎても、どうにも落ち着かないというか、いまだに信じられない。実感が湧かないのだ。今までたどり着いたことのない順位に戸惑うばかり。この景色は、28年かかってようやく見ることのできたもので、もう見ることもないだろう。鈴木選手が9連覇を達成して第一線から去った。ヒザのケガなどにより、思うようにトレーニングができなくなったことが原因だ。相澤選手も大きなケガさえしなければ、鈴木選手の連勝記録を塗り替える存在となるだろう。

このときには、まさか違う道へ進むとは思いも寄らない、２０２１年暮れのことだった。

「バルク派」「カット派」はもう古い？目指すは新たなジャンル「密度派」

日本選手権でジュラシック史上最高の2位につけたこと、そして47歳という年齢もあってか、メディアを中心に「木澤は大会に出ないんじゃないか？」という憶測が飛び出していた。噂を打ち消すため、ＹｏｕＴｕｂｅで「今年は必ず出ます！」と宣言する必要があった。時代が変わり、思い立ったときに自分の意見をすぐに公表できる手段があるというのは、非常に便利だ。この年は前年の結果に達成感を得られたからか、落ち着いた精神状態でオフを過ごした。セミナーやゲストの依頼も多く、精力的に仕事もさせていただいた。また、この年からＪＢＢＦのアスリート委員および選手強化委員に任命された。選手として大会に出るだけでなく、ＪＢＢＦを盛り上げるためにはこちらも頑張って取り組みたい。

とはいえ、２０２１年が今までになく良い年だったので、悪夢が訪れるのではないかと不安を感じる２０２２年のスタート。どれだけ気が小さい男なのだろうか。僕は、冬があまり得意ではない。冷え性だからだ。手の指先がとにかく冷え、パーソナルのときもクライアントさんにはできるだけ触れないように心がけている。よく「冷え性の人は運動して血行を改善しましょう！」などというが、一日に2～3時間もハードなトレーニングをしても治らない。「一体どれだけ運動しろっていうんだ？」といつも思う。

体は硬い。自信を持って言える。柔らかくなるように酢を飲んでいる。それは、嘘である。今どきそんなことはしない。ストレッチをするようにはしているが、硬すぎてストレッチにならない。これは若いときにケアを怠ったことのツケだと思う。若い頃に戻れるのならば、柔軟性をしっかり保ちながらトレーニングに励むだろう。ちなみにどれだけ硬いかというと、自分の足の爪が切れない。だから、妻に切ってもらっている。靴下に関しては、かろうじて足に引っかけ、靴下の中に足を滑らせる感じで履いている。

鈍感力は、かなり強いほうだと思う。最近の選手が多用しているコンプレフロスやA－Wearといったグッズは、どうも苦手だ。いいという感覚がまったくわからない。鈴木雅選手からもらったA－Wearは、常にジムバッグに入れてあるが、今のところ出番はない。

そんな僕でもはっきり体感できたものが、ひとつだけある。VENEXのリカバリーウエアだ。もう15年ほど愛用している。トレーニング中以外は、常に着ているほどだ。パジャマとしてずっと愛用しているし、仕事中も身に着けている。何着持っているかわからないほどの数を所有している。最近では、ジュラシックギアで展開している僕のアパレルブランド「IRON NERVE」とVENEXとのコラボウエアが発売となった。自分が長年愛用してきたブランドとのコラボは、とてもうれしい。

ケガが理由で大会、あるいはトレーニングを断念せざるを得なくなった選手は多い。鈴木選手もヒザの手術を受けたことで、以前の強度で脚トレを行えなくなったことが理由だと聞いている。幸いにも僕は今のところ、致命傷となるほどのケガはないが、年齢によるものなのか、レッグカール中に時々「あと1レップやったら、ハムストリングが切れるかも⁉」という感覚を覚える。実際に筋肉を断裂したことは一度もない。

大転子（太もものジョイント部分）に痛みを感じて、プレス動作がまったくできなかったり、肘に痛みを感じてトレーニングができなかったり、膝がもうダメになりそうになったこともある。ただ、そのようなときこそ経験をフルに活かす。痛みを我慢してトレーニングをすることは、絶対にない。痛くない種目、動かせる範囲などを模索して、痛みを回避しながら、できるトレーニングを続ける。そのようにして致命傷を負うことなく、今までハードにトレーニングを続けてこられた。ボディビルで一番大切なことは、ハードなトレーニングを継続することだ。ちなみに、ケガがマイナスに働いたことも、ほぼない。ケガがきっかけで新たな発見があり、その後のトレーニングにプラスになることのほうがほとんどだ。この経験から、人生のなかで今起こっている良くない出来事が、必ずマイナスになるとは思わない。それをきっかけに、むしろ良いほうに変わることもあるのだ。

２０２２年の日本選手権は、10月9日に大阪で開催される。通算18回目の挑戦だ。大会出場30周年を迎え、僕にとっての記念大会でもある。これだけ長くやっていたら、新しく取り組めることはもうないと思っていたが、栄養面でＫＥＮＴＯくんにアドバイスをもらうことで、新境地を開拓できそうだ。カーボアップに関しては、前年も少しアドバイスをもらって試したが、それがかなり功を奏した。減量途中の時点で顕著な違いがあるとすれば、１日に食べる白米の量が、６００グラムから９００グラムに増えたことだろうか。これによりエンジン全開で減量が進み、当日を迎えるに至った。当日、朝の体重は81キロを切るくらいで、朝食は塩分と飽和脂肪酸を摂るために、一平ちゃん（カップ焼きそば）とチキン南蛮を食べた。

長らく日本選手権の大阪会場として使われてきたメルパルクホールの解体が決まり、この会場での開催は、今回が最後だという。何度も出場した会場で、楽屋通路の複雑さも把握済みだ。今年も角田信朗師範のＭＣで大会は順調に進み、いよいよ決勝のファーストコールがやってきた。まず声が掛かったのは、ゼッケン7番の木澤大祐。なお、今年もゼッケンはエントリー順だ。続いてゼッケン31番、ディフェンディングチャンピオンの相澤隼人選手が中央に。そしてゼッケン41番、２０２１年に6位と躍進した嶋田慶太選手が呼ばれた。ファーストコールでいきなり3人だけの比較というのは珍しい。この呼び方だと「トップ3は、この3人ですよ」と宣言するような呼び方だ。とはいえ、そこは気にせずに自分の体、そしてポーズに集中した。このオフには、ポージングに磨きをかけるべく、ポージング練習のために何度も上京した。ラットスプレッドではより広がりが出るように、片側ずつ翼を広げる方法を習得した。これで少しは飛躍ができるだろうか。今回も声出し声援はまだ禁止されていたが、サイドチェストの比較で3人が歩み寄ると、会場のボルテージは最高潮となり、レッドゾーンを超えて歓声が漏れた。

ボディビルでよく言われるのが「バルク派」「カット派」という言葉だ。僕は、どちらかというと「バルク派」だが、今はその感覚はない。目指すのは「密度感を増す」ということ。筋密度を高めた厳しい仕上がりの「密度派」という新ジャンルの最右翼を目指す。ただ、嶋田選手の大臀筋に走るストリエーションを見て思わず力んでしまったのか、得意のバックダブルバイセプスでは力が入りすぎて、肩が上がってしまった。

まさかのラストコール、万感胸に迫る3位 ジュラシックは引退を決めた

2022年の日本選手権、予選審査のラストコールがヤバかった。ファーストコールと同じ相澤隼人選手、嶋田慶太選手、木澤大祐の3名なのだが、真ん中に立つように言われたのが僕だったのだ。「え? 最後の確認でこの位置ってなんなの?」「優勝?」「相澤選手を相手にそれはないだろう」と、軽くパニックに陥るくらいに痺れた。

ボディビル大会では通常、ファーストコールは優勝しそうな選手を中央に置き、その次にきそうな選手を両脇に置くという呼び方をする。今回のファーストコールも「優勝:相澤選手、2位と3位は嶋田選手と僕のどちらか」という見方だ。これはあくまで見方であって、確定ではない。

そしてラストコールは、審査を終えた後の「確認の比較」という意味合いが強いと思う。可能性でいえば、ひとりのジャッジが僕のことを推していて、真ん中に並べることで周りの審査員にアピールしているという見方もできる。「ひょっとしたら木澤優勝、相澤選手と嶋田選手が2位と3位という見方はどうですか?」と訴えているような想像もした。とはいえ、相澤選手に勝てるとは思っていないので、余計な思考を巡らせないよう冷静にポーズをとったが、興奮冷めやらぬ気持ちで予選審査を終えた。

無事に迎えたポーズダウンでは、今回が初参戦となる愛弟子・杉中一輝選手も決勝に駒を進めていた。まずは「ポーズダウン！」の声がかかると同時に、杉中選手をつかまえて駆け付けてくれているジュラシック応援団に向け、師弟そろってのマスキュラーポーズを披露した。杉中選手は初出場で9位と健闘した。次々と選手の名前がコールされ、ステージに残ったのは昨年とまったく同じ顔ぶれ。加藤直之選手、相澤選手、嶋田選手、そして僕の4名だ。角田信朗師範が「今年も四天王が勝ち残りました」と場を盛り上げる。

4位でコールされたのは加藤選手。そして続いてコールされたのは、自分だった。「今年もいい経験をさせてもらえたな」と、そんな爽やかさが心を抜けていった。2位は嶋田選手。そして相澤選手が見事2連覇を決めた。悔しさや残念な気持ちはあまりなかった。十分に楽しませてもらった。順位はひとつ落としたが、ファンの皆さんにも納得していただけるパフォーマンスを、筋密度を見せることができたのではないかと思っている。

ちなみに、嶋田選手は追っかけを自認する鈴木雅派で、今も鈴木選手のパーソナルを受けたりしている。地元・福岡で頑張っていた頃には、鈴木選手に事あるごとに「福岡にすごい選手がいますよ！」といわしめていた逸材だ。2019年のジャパンオープンで優勝しているほか、2019年には世界選手権にも出場している。2021年に福岡から東京へと拠点を移し、環境を整えて日本選手権に臨んできた。その成果が如実に表れた形の順位だと思う。そして優勝した相澤選手も、トレーニングを始めた頃には鈴木選手のトレーニングを丸パクリするなど、れっきとした鈴木派だ。鈴木選手自身の姿はステージになくとも「雅イズム」

は次の世代にしっかりと継承されて、見事に日本選手権のトップ2を独占した形だ。「ジュラシックイズム」は杉中選手へ引き継がれており、この年は9位までできた。

ここまで来ての3位には、なんの文句も不満もない。体づくりという部分では、最高の状態に仕上げられたと自負している。やはりポーズだけがまずいのかな…というのが、唯一の反省点だ。来年に向けては、あらためてポージングをより良くすることが早くも課題として浮かび上がってくる。

その一方で、2021年に2位になり、優勝した相澤選手の腕を上げたあの瞬間が、今まで踏ん張ってきた僕のボディビル人生のピークであり、本当に充実した満足感を味わうことができたとも感じている。だから、順位変動には何ひとつ自分のなかで驚きはないし、問題視することでもない。1位と2位の間には雲泥の差があるかもしれないが、それにしても、優勝したからといっても、何かが劇的に変わるとも思えない。これが20代や30代ならば見え方も違うのだろうが、50歳にもなろうかというオッサンが優勝したところで、人生、何が変わるというんだ。

2008年の4位という結果に舞い上がり、その後、空回りする年が続いた。10年間ずるずると順位を下げ、一時は11位まで落ちた。ところが今になり、再び順位が上がり始めただけでなく、昨年は2位、そして今回は3位と、若い頃には手の届かなかった順位をいただいた。

これからまた、あの頃のようにずるずると落ちていくのは、正直怖い。自分の年齢を考えても、最前線で活躍する相澤選手たちの若さを考えても、僕がこれから見違えるようにどんどんよくなるとは考えにくい。

再び下降曲線を描き始め、最後には予選落ちして消えていくのだ。そんな姿をファンの皆さんに見せるのは忍びない。これは、11位まで落ちたにもかかわらず2位まで復活できた経験があるからこそ、たどり着いた思いだ。昨年、2位までできたから、もう少し頑張れば優勝できる可能性はあるのだろうか？　もし2020年の大会が新型コロナによって中止になっていなかったら、相澤選手も2021年に見せた完成度までは到達していなかったかもしれない。2021年の大会のときは、僕にもいくつか1位票がついていた。2020年に大会が開催されていたら、もしかしたらとても興味深い結果になっていた可能性もある。なんて、たられればの話をしても仕方がない。相澤選手が手にしている完成度まで成長している以上、彼のバランスや完成度に太刀打ちできるとは考えづらい。

3位の結果を受け、メディアに押されることもなく、僕はついに「現役引退」を決意した。ジュラシック木澤チャンネル（ＹｏｕＴｕｂｅ）を見てくださるファンが多くいることもあるので、「実は、○○年が最後になりました」という引退の仕方は避けたい。

また、アマチュアとして戦っているのだから「引退宣言は必要ない」という人もいるかもしれない。そこに関しては、僕は自分のなかで区切りをつけて取り組みたい。今となっては自分ひとりの戦いではなく、多くのファンの方に応援していただける幸せな環境になった上での考えである。ジュラシック木澤の最後のステージを、ひとりでも多くのファンの皆さんに生で観ていただきたい。年齢的にも50歳。そして日本選手権の通算出場回数は20回。いろいろな意味でキリの良い2024年、僕は現役を引退するのだ。

オフから食事を見直し、パンプも見直すキャリアを重ねても出てくる新たなチャレンジ

2022年の日本選手権が終了し、2023年に向けてまず取り組んだのは、オフの食事の見直しだ。今までは栄養指導のスペシャリストであるKENTOくんに、大会の2カ月前からだけ、限定でアドバイスをもらっていたのだが、この年オフから一緒に取り組んでみることにした。それはこの2年の結果を踏まえても、全面的に信頼を寄せられるだけの成果を体感できたからに他ならない。

KENTOくんの指導を得てからは、糖質の摂取量が圧倒的に増えて、以前とは比べ物にならないほど減量が楽に感じる。とはいえ、減量期間は短ければ短いほどいい。長くなればそれだけ疲労がたまり、筋肉も減りやすくなるからだ。そこでオフもアドバイスをもらいながら食事を試してみる選択をした。48歳、トレーニング歴34年、大会出場歴30年になっても、新しくチャレンジできることはまだまだある。

ボディビルダーが試合に臨む場合、パンプしてからステージに登場する。パンプアップとは、筋肉を軽めの負荷で動かして筋肉内に血流を行き渡らせて筋肉を張らせ、筋肉により鮮明な表情をつけさせることだ。ボディビルダーにとって、パンプアップをせずにステージに立つことはあり得ない。僕の場合、うまくパンプすればひと回り以上体がデカくなる。正直、パンプをするのとしないのとでは、見た目は雲泥の差

だ。例えるなら、女性がメイクをするのと似ているかもしれない。パンプをしない筋肉は、すっぴんのようなイメージだ。メイクをすることで最高の見映えをつくり上げている（すっぴんがダメだと言いたいわけではないので、その点は悪しからず）。

僕は、この頃はファイナリストとして日本選手権に臨んでいたので、2次ピックアップは免除されるシード選手だった。2次ピックアップから参戦していたのだ。2次ピックアップで初めてにステージに出るときは、全力でのパンプはしない。全力でパンプをするのは、予選の比較審査に入るときだ。ところが、全力でのパンプに関して、ある疑問を抱き始めていた。パンプとは「一時的なむくみ」ではないかと感じ始めていたのだ。

多くの見識者から異口同音に「絞り切った状態だと、パンプしていないときのほうが筋肉の陰影がより良く見て取れる」という意見をいただいたことがある。実際のところ、自分でもパンプしすぎると、大きさは表現できても、細かいカットは消えるような印象が強くある。ほどよくパンプするのが最適ではないかと思う。

加えて、もともと何もしなくてもステージで比較審査が進行している間に、ポージングの力みが強くて息が上がる。そのため、ステージに上がる前にパンプを行いすぎると、ますます呼吸のコントロールが難しくなり、ポーズがかなり乱れることが判明した。息が上がると、癖のあるダブルバイセプスでより一層肩が上がってしまい、広背筋が上下方向に伸びてしまうのだ。広がりのない寸胴な体型のでき上がりである。

パンプさせるよりも、むしろストレッチさせたほうが、体が弛緩していいポーズがとれる。そのほうが僕にはよりよく見せられる状態になることが、ポージング練習により習得できた。結論からいえば「パンプはほどほどにしておき、出番の前には筋肉をしっかりストレッチして緩める」というのが新たな取り組みだ。

ステージに上がる前は冷静でも、比較審査が始まり隣に並んだ選手とポーズをとりだすと、嫌でも力んでしまう。力めば力むほど、筋肉はハードに見える気がするが、それはまったくの誤り。力むほど筋肉は広がりをなくし、縮こまった印象に見えてしまうのだ。ポーズのうまい選手、鈴木雅選手や相澤隼人選手などは100パーセントの力を入れていないのではないかと思う。僕の場合は120パーセントだ。それにより力みが出て、全身を引いて見たときによく見えない。落ち着いているときには理解できているのだが、ステージに上がるとアドレナリンが大量に放出されてしまい、そういう考えもつい吹き飛んでしまう。

合戸孝二選手が胸郭出口症候群を発症し、2016年の日本選手権を欠場した。ルーティンとなっていた180キロのベンチプレスは20キロのシャフトだけでも上げられないくらいに神経を損傷したそうだ。筋肉が直接ダメージを負うのではなく、神経伝達に支障を来し、筋出力が落ちてしまうのだ。その状態が長引けば、結果として筋力、そしてボディビルダーに致命的な筋量の低下は免れない。

合戸選手ほどはひどくはないが、背中の神経圧迫の影響からか、日本選手権の3~4カ月前から左腕がずっと痺れている状況だった。かなり痛みが出る日もある。減量が進むと体脂肪が落ちて、神経の周りにある圧迫が少なくなり、それで回復したような状態になり大会出場が可能になったらしい。トレーニングも、痛みが強くてできない種目もあるし、ひどいときには誰かに背中をたたいてもらわないとリセットできないときもある。こんなことは人生で初めての経験だ。このまま進行したら左半身が麻痺するかとも思ったが、幸いにしてそこまで重篤化することはなかった。

2022年は股関節を痛め、脚トレが十分にできなかった。長く競技を続けており、年齢的にも、このようなケガは避けられないのかもしれない。

ここ数年の日本選手権のチケット争奪戦は、想像を絶するものになっている。10年前、日本選手権のチケットはJBBFの加盟ジムで手売りをしていた。ジムには前日でもかなりのチケットが余っており、誰でも観に行ける大会だった。「チケットがあるけど行かない?」と一生懸命売っても売り切れることはなく、会場が満員になることもなかったと記憶している。今は、ローソンチケットで発売しているのだが、発売開始からほんの数分で売り切れてしまう。当然、会場は満員だ。それだけボディビルの人気が高くなってきているという証だ。そこには、24時間ジムなどの普及や人気動画の配信をはじめとしたSNSの影響というのは計り知れないものがあるだろう。

これほどまでに、僕らを取り巻くボディビル・フィットネスの環境の違いには本当に驚かされる。ジュラシック木澤チャンネルの登録者数も、この頃には10万人に達している。本当にありがたいことだ。ボディビル人気が出てきているこの時期に、僕のボディビル競技キャリアの終焉が重なるのは、本当に幸運だと思う。最下位に落ちた頃にやめていたら、やめないにしてもそこから復活できなかったら、ジュラシック木澤という名前に今ほどの認知度はない。そう考えると、本当に続けていて、踏ん張っていて良かったと思う。

カーボアップは1日餅80個!? 自己最高位の2位に復活

2023年日本選手権に向けて、カーボアップのために1日に餅を80個食べるように栄養指導のスペシャリストであるKENTOくんから指示が出た。カーボアップとは、ボディビルダーに限らずマラソン選手なども試合前に行う方法。カーボ＝炭水化物＝糖質を、その貯蔵庫のひとつである筋中に蓄えられるだけ蓄えようという行為だ。

ボディビルの場合は、当日の張りやパンプを良くするためのものであって、成功すればかなり筋肉を大きく見せることができる。しかし、失敗するとむくんでしまい、カットが消えるなど、その成否は紙一重だ。脂肪が完全に落ちて絞り切れていることや、同時に調整するナトリウムやカリウムの量など、かなり繊細なテクニックが必要で、経験が大きくものをいうテクニックでもある。僕も今まで自己流で取り組んではいたが、KENTOくんの指導を受けて驚いたのがそのカーボの量だ。

通常は準備段階として、まず体の貯蔵庫を空に近い状態にする。ディプリートと呼ばれる準備期間である。水曜日から木曜日の朝頃まで、カーボ＝炭水化物の摂取を控える。ここで、有酸素運動や全身を軽い重量でトレーニングして、積極的に筋中のグリコーゲンを枯渇させる選手もいる。僕は、あまり運動を一緒には行わない。そして、木曜日の昼頃からカーボを入れ始めて、大会前日の土曜日の夜遅くまで入れ続けるのだ。この際にいろいろな食材、例えば干し芋や白米、パスタなどがあるのだが、ＫＥＮＴＯくんのお勧めが餅。カーボ含有量が多く食べやすいことを最優先してのことだった。

しかし、その量がえげつない。１日に80個の餅を食べろと言う。市販の切り餅１個が約50グラム。糖質は約25グラムで、２個で白米茶碗１杯（１４０グラム）と同等のカーボがとれる。餅80個は糖質量でいうと２０００グラム。絞り切った体重が約80キロとして、体重１キロあたり25グラムの糖質を入れるという計算になる。白米に換算すると、ご飯約３０００グラムが１合なので５・６キロ、つまり19合弱になる。ご飯でいえばほぼ2升だ。頭の中が「?」になる。食べ切れるはずがない！　というか、食べる気すら起こらない。

実際のところ、この量を全部は食べられないのだが、あんこ、きな粉、ハチミツなどをまぶしたり、薄めの出汁につけたり、飽きないようにして餅を食べる。減量のための食事制限もつらいが、無理に食べるカーボアップもかなりキツい。しかし、当日に体がよく見えるようになるのなら、やるしかない。「本当にこの量、必要なのか?」という疑問も頭に浮かぶが、ＫＥＮＴＯくんの指示なら間違いないはずだ。

２０２３年10月8日に行われた日本選手権。会場はなんと、１９９５年に19歳で出場して優勝した、日本ジュニア選手権が開催された江戸川区総合文化センターだ。28年ぶりに帰ってきたことになる。考えてみれば、日本選手権に出場するために東京へ遠征するのも、これが最後だ。昔は、仲間と車に乗り合わせて移動し、ガソリン代を割り勘にしていた。その頃のことを思い出すと懐かしくなる一方で、今回の出場を含めると日本選手権の出場するための遠征はあと2回なんだと、新幹線の車中で少し感傷的な気にもなる。スカイツリーからほど近いホテルに落ち着いて、餅を食べ、夜にはジュラシック木澤チャンネルのライブ配信で明日の大会に向けて鋭気を養う。YouTubeを始めてから、大会前日のライブ配信は恒例だ。「大会前日にライブ配信なんて、よくできますね！」と言われるが、大会前日はすべてやり切っているので、思いのほか落ち着いている。

2023年シーズンは、ようやく声を出しての応援が解禁となった。会場を埋め尽くしたファンが、それぞれに推しの選手に向けて大きな声援を送る。ジュラシック応援団も、かなりの姿が見える。

ファーストコールで最初に呼ばれたのは嶋田慶太選手、続いて相澤隼人選手が中央に、そして僕が呼ばれた。去年とまったく同じ布陣だ。この3名での戦いが、今年も繰り広げられる。力みすぎることなく、やや力を抜いてポーズをとることが重要だ。わかってはいるのだが、どうしても力が入ってしまう。久しぶりに聞く大きな声援が、アドレナリンの分泌を制御不能にしてしまっている。

ポーズをとり終えて、ラインナップに戻ろうとすると「待った」がかかった。この3名に加えて、愛弟子の杉中一輝選手と新進気鋭の喜納穂高選手を加えた5名でのセカンドコールになった。やったぞ、杉中！喜納選手は沖縄出身で、現在はゴールドジム立川を中心にパーソナルトレーナーとして活動している2022年の東京選手権チャンピオン。この年の日本クラス別選手権80キロ以下級でも優勝し、勢いにのっている、バランスタイプの選手だ。新しい顔ぶれの若い選手との比較審査は、こちらもパワーをもらえる。ラストコールでも相澤選手、嶋田選手、杉中選手、僕の4名で比較が行われたことで、杉中選手の上位入賞はほぼ確実になった。

いよいよポーズダウンが始まる。合戸選手はファイナリストにはしっかりと進出できていたが、最初に名前を呼ばれてしまい12位に。長年ボディビル界を牽引してきたもうひとりの雄・須江正尋選手は9位に。喜納選手が5位につけ、杉中選手は前年の9位から4位に順位を上げた。またしてもステージに残ったのは嶋田選手、相澤選手、そして僕。3名のうち、今回先に名前を呼ばれたのは嶋田選手だった。そして優勝は相澤選手の手に。2年前と同様、僕は彼の手を高々と挙げ、その勝利を称えた。

決勝審査が行われるときには、ファイナリストに残る選手が1人ずつ名前を紹介されて入場する。暗転したステージに、下手からスポットライトを浴びて登場し、得意なワンポーズをとるのだが、このときの声援が地鳴りのようで思わず泣きそうになった。それほどにすごい歓声、いや、歓声というより地響きだった。同時にものすごいプレッシャーを感じる自分がいた。この声援に応えなくてはいけないという責務。今までにない、過去イチの緊張、そして「この声援に応えられるのだろうか?」という不安も感じた瞬間だった。昨年、2位から3位にひとつ順位を落としていたこともあり、この声援に応えるためには「3位以内を維持するのが絶対条件だ」という重圧があった。この位置で戦っていない頃は、こんなに緊張を感じることはなかった。けれども、このように順位がある程度の位置にくると、応援してくださる人たちの大きな期待感が肌で感じられ、この緊張につながったのだと思う。

王者不在の好機も自分を見失わない

2023年の日本選手権を2位という好成績で終えることができた。優勝した相澤隼人選手は、大会直前に腰のヘルニアを再発して満身創痍だったらしい。僕も左手が痺れていて、この位置に到達するには、どの選手もそれなりに体に鞭打ち戦っているのだろうかと感じる。2位に復活したことで、このオフに実行してきた食事やトレーニング、減量、カーボアップ、そのすべてが正しかったということが証明され、うれしく思う。これで現役引退まであと1シーズン。迷わずに進んでいけそうだ。

日本選手権から3週間後の10月29日、愛知県の尾張旭市文化会館で第1回ジュラシックカップを開催した。これは、JBBF公認の賞金が出る男子アマチュアボディビルコンテスト。僕と合戸孝二選手が主催者で、実際に運営しているのはKENTOくんだ。何年も前から合戸選手と「ボディビルの発展につながることが一緒にやりたいね」と語り合っていたことが実現した。現在のフィットネスブームの影響や、ジュラシック木澤チャンネルの力もあるのか、出場選手は定員いっぱいまで集まり、観戦チケットは完売した。ライブ配信は3万5000アクセスと、アマチュアコンテストとしては異例の大成功を納めた。大会に先がけて実行したクラウドファンディングでも、目標金額の500万円を大きく上回る1000万円が瞬時に集まり、注目度の高さがうかがえた。

ジュラシックカップでも、僕の活動を後押ししてくださる多くの企業がスポンサーとして名乗りを上げてくださった。そのなかでも、メインスポンサーとして立ち上がってくださったのが名正運輸株式会社だった。当日は吉本興業とコラボし、芸人さんも多数ご参加いただいた。にしだっくすさんや、いぬさん、ハタノハタさん、バビロンのノリさんが選手として出場してくれた。また、ミルクボーイの駒場孝さんと合戸選手は1日限定コンビ・ミルクプロテインボーイを結成し、会場を爆笑の渦に包んだ。第1回ジュラシックカップは大成功だった。

ジュラシックカップが終わると、すぐに年末だ。そして年が明けて2024年、いよいよ現役生活最後の年が幕を明けた。とにかく今年はケガなく無事に終えることが重要だという思いだ。ラストステージに向けて悔いなく、やれることを冷静に行うだけだ。ジュラシック49歳、トレーニング歴は自重を含めると35年、ジムでのトレーニング歴は32年、大会出場は31年になる。ここで無理をして、取り返しのつかないケガをして出場できないというような事態は、絶対に避けなければならない。

2年前は股関節、昨年は背中の神経からの左腕の痺れ。今年に入ってからは肘の具合が芳しくなく、上腕三頭筋のトレーニングが全力でできない。そういえば、上腕二頭筋の付け根が痛くてトレーニングが厳しいときもあったし、ハムストリングが切れそうなときもあった。知恵を振り絞り、テクニックを駆使し、トレーニングを緩めることなく攻める。ラストイヤーは順位など考えなくていい。たとえここでコケたとしても、次はもうない。今まで自分が経験してきたことのすべてを体に宿して、ステージに立つのみだ。

若かった頃には増量を頑張って、1日だけ体重100キロという数字を記録したことがあったが、それ以降は95キロくらい。減量幅でいうなら15キロ弱といったところだ。それがこの年のオフは、87キロまでしか体重が増えなかった。

基本、仕事している平日はゆっくり昼食をとることはない。パーソナルの合間におにぎりやサラダチキンを食べる。それもすべて立ったまま、一瞬で食べる。ジムの定休日でもある日曜日には、家族と一緒に好きなものを食べることを楽しんでいたが、この年はとりわけイベントが多く、週末のほとんどがセミナーなどで埋まっていたため自宅でゆっくりする時間や外食に出かける機会も自然と減ってしまった。

ちなみに、セミナーなどに出かけるときも、食事を持参することはない。出先のコンビニなどで済ませるタイプだ。プロテインバーやBASE BREADなどをとることが多い。コンビニでサラダチキンとおにぎりを買うこともある。土日のイベントが終わって自宅に戻るときは、途中で何か食べることはせず、家に帰ってから好きなだけ、好きなものを食べてお腹を満たす。

2024年の日本選手権に相澤隼人選手が出場しないことは、早い段階で耳に入っていた。ヘルニアの影響も大きいようだが、この年の暮れに自身で表明した「役者への道」を優先させる選択をしたことが大きな理由だろう。相澤選手が選んだように、ボディビルだけに生きなくとも人生にはたくさんの選択肢がある。僕らはアマチュアとして取り組んでいるのだから、なおさらだ。

いずれにせよ、チャンピオン不在の大会になることが明らかになり、昨年2位という実績からしても大きなチャンスだ。現役引退を表明しているので最後のチャンスでもある。若い頃なら、ここで周りが見えなくなり、できることを全部やっていただろう。実際にそうして5位に落ち、6位に落ち、一時は11位まで落ちた。その轍だけは、絶対に踏まない。ここで大切なことは、自分を見失わないことだ。自分を見失った結果が、つらい思いをしたあの10年の始まりだった。もうあの頃の自分ではない。二度と失敗は繰り返さない。最後に巡ってきたチャンスに対して、「絶対に優勝するぞ！」とか「チャンピオンになれなかったらどうしよう…」などという思いは皆無。努めて冷静に、自分のやれることだけに集中した。

現役生活最後となる2024年の日本選手権は、連続20回目の挑戦となる。その20回すべてでファイナリストに入るのは、ひとつの記録だろうか。10位と12位、そして1位にはなったことがない。初出場して6位になり、そこから4年間6位が続いた。このときは「6」という数字が嫌いになった。そして4位になり、舞い上がって翌年は5位に。そして6位、7位、6位、8位、9位と、少し凸凹はあったが1段ずつ階段を降りた。9位が3回続いた後、11位まで落ちた。そこから6位に上がるとは、にわかには信じ難かった。そして4位、2位、3位、2位と、まさに波瀾万丈な競技人生を過ごしてきた。

現役引退を宣言して挑む20回目の挑戦の年、チャンピオン不在で迎える日本選手権。自分を見失わずに挑めば、必ずできる！ 19回も日本選手権で戦ってきた木澤大祐が、そう語っていた。

20回目、最後のミスター日本ニュータイプの登場で新時代到来

現役生活最後となる日本選手権が行われるのは大阪。会場は、大阪府堺市にある国際障害者交流センター（BIG-I）という初開催の場所だ。愛知県に住んでいるので、大阪での日本選手権は必ず自分で運転して車で行く。自分では優勝を意識したコメントは決して口にしなかったが、多くの応援してくださるファンの期待には応えたいと、ここまで準備してきた。それはつまり、優勝して「引退試合を有終の美で飾る」ということになる。そうした思いを心に秘め、大阪へ向かう車のハンドルを握っていた。自分のためというよりは、今まで側で支えてくれた人やファンの皆さんへの最高のプレゼントになると思っていた。

木曜日夕方から始めたカーボアップは、昨年同様に大量の餅を食べている。今回は、最後の段階でライスケーキに切り替えるという新しい試みもあり、楽しみだ。ライスケーキは、アメリカではカーボアップ時に非常にポピュラーなカーボ源だそうだが、僕は初めて食べる。非常に軽くて食べやすい。

カーボアップ時はとにかくカーボを大量に食べるため、たんぱく質や脂質は摂らない。摂らないというよりも、カーボ以外のものを入れる余裕がない。そんなこともあり、大会当日の日曜日の朝に塩分4グラム程度と飽和脂肪酸を40グラムほど補給するための食事を摂る予定で、それが待ち遠しい。カーボアップが始ま

る前は、何カ月も減量してきているのでカーボアップが楽しみなのだが、2食も食べれば飽きる。

KENTOくんにアドバイスをもらいながら最後の仕上げをするのは、4回目になる。キャリアの終盤に「自分にとってベストな食事方法」を見つけられたことは、とてもうれしかったが、「もっと若い頃にこの方法を知っていれば！」と悔やむ自分もいた。若い頃には頑固で我流を貫き通していたが、年齢を重ねるとともに、角が取れて丸くなったせいか、人の意見を聞くという姿勢に変化してきた。

KENTOくんとの出会いのタイミングは、本当にちょうど良かったと思う。彼との出会いは自分から望んだものではなかったが、どこかで引き合う運命だったのかもしれない。出会いに、運命に、感謝だ。

第70回の記念大会でもある、今回の日本選手権の出場者は52名。欠場が出たので51名で争われる。日本で最も権威のあるナチュラルボディビルダー最高峰を決める大会で、またの名を「Mr.日本」ともいう。新しい会場で、確実に新しいチャンピオンが誕生する。

まず、1次ピックアップで25人に絞られる。この段階でファイナリストの常連である高梨圭祐選手、2010年ジャパンオープン優勝の増田卓也選手、芳賀セブンとして145万人超えのフォロワーを誇る人気YouTuberでもある、2024年日本クラス別選手権90キロ超級優勝の芳賀涼平選手といった実力者が敗退。2次ピックアップに進めず辛酸を舐めている。これはとんでもない戦いが展開されている。

そして、25人から12人へ絞る2次ピックアップが開始されたが、ここでも波乱が起きた。共に時代を戦ってきた合戸孝二選手、須江正尋選手、田代誠選手といったベテラン勢、弟分である松尾幸作選手、昨年のファイナリストで11位に入った白井大樹選手が、12人に残ることができなかったのだ。

そんな激戦を制してファイナリストに進んだ選手には、寺山諒選手（2024年日本クラス別選手権80キロ以下級優勝）や江川裕二選手（2024年ジャパンオープン優勝）、扇谷開登選手（2023年日本クラシックフィジーク選手権175センチ超級優勝）、そして刈川啓志郎選手（2024年東京選手権優勝）などの新しい顔ぶれがあった。

ファーストコールで呼ばれたのは、まず嶋田慶太選手。もちろん今年も声出しはOKなので、割れんばかりの声援が飛び交う。ここ数年、嶋田選手から呼ばれるパターンは多い。続いて僕が呼ばれ、大声援をいただいた。そして、なんと刈川選手が初出場でいきなりのファーストコール。声援では正直負けていたかもしれない。

20回目の日本選手権出場、そのすべてでファイナリストとなっていることは既にお伝えした。しかし、ファーストコールでセンターに立つのは初めてだ。長きに渡りボディビルをやっている人間からしてみれば、「優勝候補として見られている」ということを意識せずにポーズはとれない。「落ち着け！　今までも興奮してポーズが硬くなって、何度も失敗したじゃないか。今日、この大会が本当に最後なんだから、とにかく落ち着け！　自分を見失うんじゃない！　きっとできるはずだ！」。鬼コーチ・木澤が、いつもより冷静に声をかけてくれた。

それにしても、新人の刈川選手は大したものだ。弱冠22歳（2024年日本選手権出場時）にして、まったく物怖じしていない。それどころか、喰われそうな勢いだ。自分とは正反対のプロポーショナルなタイプ。嶋田選手との3人の争いは評価が分かれそうだが、「筋密度」でなんとか彼らを引き離したい。

この3名に寺山選手と扇谷選手という新たな刺客が加えられて、セカンドコールとなる。今年の日本選手権は、どえらいことになった。上位に初ファイナリストが3人も食い込んできたのだ。まさにマッスメディアジャパンのDVD『2024ミスター日本への道／新時代』というタイトル通りの展開じゃないか⁉ 僕を中心に、上手は嶋田選手、下手に刈川選手という3名でのラストコールで予選は終了した。

フリーポーズでは、ディズニー映画『ヘラクレス』の主題歌「Go the Distance」をペイトン・パリッシュがカバーしたものを使用した。「すべてをやり抜く」「完遂する」という意味を持つこの曲が、自分の最後のステージに合っていると感じたからだ。曲の最後には、ジュラシック木澤チャンネルを手伝っていただいている岡部みつるさんにお願いして「Thank you Bodybuilding. And Good Bye, bye, bye…」と入れてもらった。客席で観戦していた相澤隼人チャンピオンは、このメッセージを聞いて静かに涙していたらしい。

このポージングを完了したことで、今日やるべきことは完遂した。もう思い残すことは何もない。あとは運を天に任せて、ボディビルディングの神様がどんな判定を下すのかを待つだけだ。

10キロの青い鉄アレイから始まった35年に及ぶ旅。その旅の思い出が、走馬灯のように頭を巡った。いよいよ結果発表のポーズダウンが始まるのを、落ち着いて待った。

20年かかってつかんだナチュラルボディビルダー日本一の称号

「新しい顔、そして戻ってきた顔もあります。皆さん、予想できましたか？」

そんなアナウンスでポーズダウンが始まった。新しい顔とは刈川啓志郎選手、扇谷開登選手、寺山諒選手、そして江川裕二選手の4名だ。そして戻ってきた顔というのは、昨年体調不良で欠場していた加藤直之選手に対して敬意を示す言葉でもある。このファイナリストの顔ぶれを、誰が一体予想できただろうか。それほどに2024年の日本選手権は、これまで難攻不落といわれ、ひとりか多くてもふたりくらいしか入れ替えのなかった「ファイナリストという牙城の新陳代謝」がかなり進んだ年となった。何年か経って日本選手権を振り返ったとき、間違いなく2024年は大きな転換期として、多くの人の記憶に残る年となるだろう。その記憶の一部に存在できるのは、この上ない喜びだ。まさに、世代交代の年となった。

この年はゼッケン番号が、エントリー順ではなく身長順に戻った。過去の日本選手権出場時に身長順で整列した場合、170センチの僕は、12人のうちでほぼ最後のほうに位置し、須山翔太郎選手が後に控えているということが多かった。それが今回は6番目で、後ろに7人もの選手がいた。刈川選手と扇谷選手がともに176センチと最も背が高い。確実に選手の高身長化が起きている。これには時代の変化を痛烈に感じた。

2023年日本
ボディビル選手権

2024年日本
ボディビル選手権

ポーズダウンが始まると、愛弟子の杉中一輝選手のところへ行き、全国から応援に駆け付けてくれたファンに向け、そろってポーズを決めた。この行動の理由は、杉中選手が比較審査の段階で、かなり下位で比較されていたのを見ていたから。早く呼ばれてしまうだろうこと、そうなればステージに一緒にいられる時間が短いことを事前に察知していたのだ。大体の順位予想が比較審査の段階で読めてしまうのが、この競技のある意味、冷酷なところかもしれない。

順位のコールが始まり、最初に呼ばれたのは12位の江川裕二選手。ジャパンオープン優勝の勢いでファイナリスト入りしてきた選手は、自分も含めて木村征一郎選手や嶋田慶太選手など多くいるが、2023年の白井大樹選手に続いて2年連続となる。今後に期待したい選手だ。11位は長年一緒に参戦してきた戦友、須山選手。10位は吉岡賢輝選手。この位置で呼ばれる選手ではないので、今後の飛躍に一番期待している。9位には、ベテランの木村選手。杉中選手は、前年の4位から順位を落として8位だった。彼は僕のラストステージを、「師匠超えでの恩返し」を目標に頑張ってくれていたが、それはかなわなかった。しかし「ジュラシックイズム」を受け継ぐ一番弟子なので、必ず復帰してくるだろう。バランスタイプの代表格である喜納穂高選手が7位。1年のブランクを感じさせない加藤選手が6位につけた。加藤選手に対する声援が大きいのには感動した。これが日本選手権2回目の挑戦だという寺山選手が5位に。そして神奈川県で消防士をしている「令和の怪物」扇谷開登選手が初出場で4位に入った。

ステージに残ったのは、「令和の風雲児」刈川選手、「玄洋ＷＡＲＲＩＯＲ」嶋田選手、そして「ジュラシック」木澤大祐の3人。予選の比較審査でのコールのされ方から、この日は比較的冷静に、ポーズダウンで順位が呼ばれていくのを待つ自分がいた。あとは、3位と2位が呼ばれるのを待つだけだ。自分にできることは、もう何もない。観客の興奮も、コールを待つワクワク感も、そのすべてがこれで最後だ。

まず3位が呼ばれる。3位は脅威の22歳（2024年日本選手権出場時）の刈川選手だった。初出場で3位入賞。本当に将来有望な若手が登場したものだ。間違いなく今後の日本ボディビルを背負って行く若者と、最後に同じステージで戦えたことに喜びを感じる。

さあ、残るのはふたり。ここ数年、2位・3位争いをしてきた嶋田選手と僕だ。どちらが優勝しても、お互いに初優勝。さすがに興奮する。でも、どこか冷静で、自分のなかには1位でも2位でも受け入れられる準備があった。35年間のボディビル道の終わり。支え続けてくださった人たちや、ファンの想いが詰まったこの体。最後の瞬間が、ついに訪れようとしている。

そして、2位のコールがされた。「ゼッケン番号………66番、嶋田慶太選手！」。

遂に日本選手権の勝利を、この手でつかむことができた。20回目の挑戦で、日本のナチュラルボディビルダーの頂点に立つことができた。このときばかりは、ボディビルの神様がいることを確信した。呼ばれた瞬間は「やっと1位になれたんだ」という、淡々とした気持ちだった。しかし、今までの20年に渡る挑戦の記憶が蘇ると、涙があふれ出した。

こうして僕の31年に及ぶボディビル競技生活は、ゴールを迎えた。

このような最高の形で終わりを迎えられるのは、本当にうれしい。自分のこととは思えない、誰か他の人のドラマを見ているような感覚だった。合戸孝二選手が２００９年に48歳で優勝しているが、49歳での優勝はそれを1歳更新し、日本選手権最年長優勝記録になった。年齢も体重も制限のないオーバーオール（無差別）の大会で、49歳でも日本一になれることを証明できた。優勝までに挑戦し続けた年数は、実に20年。おそらく今後、日本一になるのに20年もかかるような才能のない選手は出てこないと思う。

刈川選手には本当に驚かされた。初出場でいきなりファーストコールというのは、日本の誇る日本選手権14回優勝の小沼敏雄選手が経験しているという話だが、もしそれが本当だとしても１９８３年のことなので、過去40年間は成し遂げられていない快挙だ。その刈川選手を筆頭に扇谷選手、寺山選手など、確実にこれからの時代を牽引していくであろう選手たちと一緒のステージで戦えたことを、とても誇りに思う。道を開き、道をつなぎ、道を譲る。そして我がボディビル道を終える。まさに、この言葉に尽きる。小沼選手のように、勝ち続けて連続出場する選手もいるが、僕は負け続けたからこそ今の自分があり、僕にしかつくれない記録を残したと思う。20戦19敗、そして1勝。19敗がなければ、最後の1勝はない。負け続けていた時代は何もかもがうまくいかなかった。自分としてはできる限りの努力をしていたつもりだが、いくら頑張っても結果は出なかった。そんなとき、「耐えること」を教えてくれたのが、僕にとってのボディビルだ。

ボディビル競技を続けてこられて、本当に幸せだった。自分の人生の大仕事を終えたような達成感と、安堵感を感じた。

ボディビルの神様がくれた最高のご褒美 支えてくださったすべての人に感謝！

２０２４年の日本選手権で優勝することができたが、その勝因を振り返ってみると、いくつか思い当たる節がある。僕は、筋肉を大きくしたいと思って取り組み始めた14歳の頃から、トレーニングには余念なく取り組んでいた。筋肉を大きくする要素には「トレーニング・栄養・休養」の3要素が不可欠という話をよく耳にする。このうちのひとつの要素である「トレーニング」に特化しすぎていた。幸か不幸か、トレーニングに振り切った結果、ある程度の成果が出た。それゆえ、残る２つの要素である「栄養」と「休養」をあまり顧みることがなかった。

長いスランプを経験したことで、自然に「休養＝睡眠」の重要性に気づかされた。寝られることで体が回復し、それを機にどん底から這い上がることができた。そしてＫＥＮＴＯくんとの運命の出会いが「食事＝栄養補給」の重要性について知るきっかけとなる。引退する4年前、２０２０年頃のことだ。筋肉を育てるための3要素が初めて噛み合い、ナチュラルボディビルダー日本一の称号を授かるに至った。

20回目の挑戦、ボディビルを始めてから31年かかった。ただ、もっと若いときに、このことに気づいていれば良かったとは思わない。すべての出会いには必然というものがあると思うからだ。今、こうして最高のタイミングで優勝できたこと、信じられないようなドラマが生まれたことは決して偶然だとは思わない。きっとボディビルの神様が僕の挑戦を見守ってくれ、最後に最高のご褒美をくれたのだと感謝している。

ステージで流した涙は、感極まったうれし涙ではなく、もうこの景色が見られないことを寂しく感じたものである。優勝の瞬間に見たステージからの景色は、もちろん今までに見たことのない絶景だった。30年以上登り続けてやっと見えた、山の頂上である。長きに渡って挑戦したボディビル競技は、登山と同じだ。登山中の天気は、いつも濃い霧に包まれていて、頂上がどこにあるのかわからない。時には登っているはずなのに、下山しているときもあった。それでも前に道がある限り、立ち止まることなく登り続けてきた。三十数年登り続けて霧が晴れた瞬間、そこには山頂があった。山頂から見ると、周りには山がたくさん見えたが、自分が登っていた山が一番高かった。

僕の挑戦は、常にひとりではなかった。まずは多くのファンの方々に感謝したい。あの日、会場での大きな声援や、いただいたメッセージに、どれだけ元気をいただいたことか。本当に感謝している。

株式会社近藤と名正運輸株式会社にも感謝しかない。2つの会社とのご縁がなければ、ジュラシックアカデミーのオープンはなかった。ジュラシックアカデミーがなければ、きっと今も肉体労働を続けており、ラストステージの優勝という結果にもつながらなかったと思う。そして、低迷期も変わらずにサポートしていただいたゴールドジム（株式会社ＴＨＩＮＫフィットネス）にも大変感謝している。

不調のときに陰ながら支えていただいたゴッドハンド・高井良信先生、ジュラシックアカデミーの従業員である長谷川渉選手にも感謝している。ＫＥＮＴＯくんとの出会いは、ラストステージに向けての最高の贈りものだった。そして何より、毎日の食事も、子どもの世話も任せっぱなしの妻には一番感謝している。いろいろと我慢させてきた3人の我が子たちにも感謝だ。今、日本チャンピオンにさせていただき、すべての「ボディビル道」で出会った皆さんに感謝の気持ちを伝えたい。

２０２４年の日本選手権を終え、日本チャンピオンの肩書きを背負いながらも通常通りの何気ない毎日が始まる。チャンピオンの実感はまったくない。あまりにも時間がかかってしまったからかもしれない。これから取材を受けたりするうちに、きっとじわじわと実感が湧いてくるのだろう。そんなことを思いながら、いつものようにパーソナルをする。

それでも、会う人には必ず「おめでとうございます！」と声をかけられる。ジムには優勝を祝う花がいくつも届いた。そういえば、とても造りの良い造花をいただき、知らずにしばらく水をあげていた（笑）。それはさておき、2位との違いを周りの反応から感じるという日々が始まった。「本当に、チャンピオンになったんだな…」と徐々に感じるように変化してきた。

日本選手権が終わった13日後の10月19日、東京都日野市・ひの煉瓦ホールで第2回ジュラシックカップを開催した。これは「木澤大祐と合戸孝二による選手ファーストの、賞金が出るナチュラルボディビルコンテスト」である。第1回に引き続きチケットは即完売。選手も定員いっぱいとなった。吉本興業とのお笑いコラボステージもあり、飽きることのないイベントだ。今回は優勝賞金３００万円、賞金総額６００万円。この賞金を可能にしたのは、多くの協賛スポンサーの皆様、そしてクラウドファンディングにご協力いただいた皆様のお蔭だ。本当に感謝している。

第2回の注目はなんといっても、日本選手権でしのぎを削った刈川啓志郎選手と扇谷開登選手が初出場することだろう。

刈川選手は、まだ22歳の大学生。しかも在籍している大学が学習院大学で、敬宮愛子さまが在学中には、キャンパスで普通にお見かけすることもあったらしい。これまで皇室と接点（?）のある日本選手権ファイナリストというのは、記憶にない。体を見ると信じられないが、まだ大学生なのである。この刈川選手も、鈴木雅選手のパーソナル指導を受けているひとりであることにも注目したい。ここにも「雅イズム」が受け継がれているのだ。まだ荒削りなところもあるが、将来が楽しみな選手。ここでも暴れることは間違いない。

そして扇谷選手は、日本選手権が初めてのボディビル大会出場というから驚きだ。それまでは、クラシックフィジークやメンズフィジークなどに出場していたという。ボディビル・フィットネス競技にはさまざまなカテゴリーが存在するが、そのなかで最も筋肉量を必要とするのがボディビルである。これまでそのボディビル競技に出場したことのない選手が、最高峰の大会にいきなり出場して4位に入賞するなどということがあっただろうか。つまり、今回のジュラシックカップは扇谷選手のボディビル2戦目ということになる。

大方の予想通り、ふたりを中心とした展開になり、刈川選手が優勝して賞金300万円を手にした。2位は扇谷選手である。今後もこのふたりの活躍から目が離せない。

現役引退を少しだけ延ばしてIFBB男子ワールドカップに出場

２０２４年の日本選手権で優勝したことにより、その2カ月後、12月16日〜19日に東京・有明コロシアムで開催される、世界フィットネス選手権&男子ワールドカップに出場することが決まる。日本選手権を「現役最後の試合」と公言していたので、出場していいものか考えたが、この年の日本選手権が大阪開催で世界大会は東京で開催されることから、大阪まで来られなかったファンの方への最後のステージとして参加することにした。

日本代表に選出されて国際大会に出場するのは、２０１５年に福岡県北九州市で行われたアジア選手権以来。このときは85キロ以下級に出場している。今回は、人生で最後の試合ということもあり、少しでも上位入賞の可能性が高い80キロ以下級に出場することにした。国内の試合（日本クラス別選手権）はいつも85キロ以下級に出場している。通常、検量時の体重は82キロ前後なので、80キロがリミットとなるこのクラスに出るには、さらにマイナス2キロが必須だ。やや無理をして、いつもより水分を抜いて検量をパスしないといけない。ありがたいことに、レジストレーションは月曜日なので、検量さえパスさえすれば木曜日の出番までは3日あり、水分を戻すことやカーボアップはしっかりできる。

国際大会に出場するときは、日本選手団として日の丸のついたおそろいのジャージが支給され、それを着て参加する。今回は日本開催ということで、参加する日本選手は100人を超え、かなり大規模な選手団になる。安井友梨選手やクラシックフィジーク王者の五味原領選手（2023年IFBB世界選手権クラシックフィジーク168センチ以下級優勝）、川中健介選手（2023年IFBB世界選手権クラシックフィジーク21～23歳以下級優勝）ら参加する記者会見に行われたり、なかやまきんに君が公式アンバサダーとして会場でリポートを行ったりなど、国際大会らしい華やかな演出がされていた。現役最後の引退試合に、このような日本選手団に参加することができたことを、心から誇りに思う。これもまた、ボディビルの神様からの「やり続けた先にあるご褒美」なのだと思っている。人生最後の競技ステージでの姿を、目に焼きつけていただけたらと挑んだ。

14日に東京入りした頃から、体調が優れなかった。どうやら熱があったらしい。ボディフィットネスに出場していてジュラシックアカデミーに月イチで通う二番弟子の佐々木絢美選手（JBBFグランドチャンピオンシップス2024ボディフィットネス優勝）も、同時開催の世界フィットネス選手権に出場していたが、いつもの鋭い脚のカットが出たり出なかったりしていた。やはり発熱で、うまく感覚がつかめなかったようだ。風邪を引きやすい時期であり、世界各国から人が集まったことも、体調不良の原因かもしれない。

そのような状況のなか、世界と戦うために80キロ以下級にエントリーしていたが、出場選手が少なく、85キロ以下級との混合クラスとして行われることになる。国際大会には何度も出場させてもらっているが、当日に何か変更があるのは織り込み済みだ。日本で行われる世界大会ということで、海外からの参加選手が非常に少ないことが原因。特にボディビルカテゴリーは、その少なさが顕著だった。これは、大会の日程がクリスマスシーズンに重なったため、家族と過ごすことを優先するという海外らしい理由もあるようだ。その一方で、ドーピング検査をしっかりと行う日本での開催から、ドーピング検査に不安のある選手は出場しないことも予想できた。世界陸上やサッカーのワールドカップでは、そのようなことが起こらないのに、ボディビルの世界大会になると、こういうことが起こってしまう。ラストステージにまたもやボディビルの暗い部分を垣間見た気分だ。うんざりする。

そんなことにはお構いなしに、僕にとって「現役最後の試合」は、とても早いテンポで進行していく。国際大会ならではは、だ。この大会は、ＪＢＢＦはあくまで主管、実行部隊という立ち位置で、進行はＩＦＢＢ（国際連盟）が行う。メインの世界フィットネス選手権と男子ワールドカップを３日間で行うので、初日のプログラムが終わったのは23時近く。２日目も22時頃で、僕が出場する最終日は会場の撤収作業などもあり、さらにタイトなスケジュールだと聞いていた。フリーポーズがなくなるかも知れないという噂もあった。

人生で最後になるであろう競技会に出場するためのパンプアップが始まる。混合になった階級には、僕が展開しているブランド「ＩＲＯＮ ＮＥＲＶＥ」でアンバサダーを務めてくれている山本俊樹選手もいる。僕が現役を引退するので、今後の「ＩＲＯＮ ＮＥＲＶＥ」を盛り上げてもらうべく山本選手、ＭＭＡファイターで修斗2階級王者の新井丈選手、そして愛弟子の杉中一樹選手にアンバサダーをお願いしているのだ。

山本選手は2021年に行われた東京オリンピックのウエイトリフティング日本代表でもある。3年間という期間限定でボディビルに挑戦している最中だ。2024年の日本クラス別選手権85キロ以下級では、ベテランの佐藤茂男選手を破り優勝している。その佐藤選手も、今回は同じクラスに出場する。

日本選手団の選手同士で助け合いながら、パンプアップを進めていく。「こうしてパンプをするのも、いよいよ最後か」という思いが頭をよぎる。あと1時間もしないうちに、競技人生に幕を閉じることになるのだ。

会場の有明コロシアムはいわゆるアリーナで、毎年日本選手権が行われている劇場型の会場とは雰囲気がまるで違う。通常、バックステージでのパンプアップはかなり暗い場所で行うことが多かった。今回は天井がものすごく高く、オープンで明るい雰囲気だ。カラーリングはもちろん、国内大会では禁止されているオイルアップもOKなので、会場が汚れないように、バックステージも、控え室も、トイレも、すべて養生がしてある。それがまた国際大会の雰囲気を醸し出している。いよいよ、人生最後のステージに出陣だ。

ゼッケンは854番。もちろん身長順ではない（笑）。ステージに上がると、会場は思いのほか広くて、客席がよく見えず一体感はない。それでも応援に駆け付けてくれた人たちの姿ははっきりと見てとれた。80キロ以下級と85キロ以下級の混合クラスは、5名の日本人選手とスリランカ、UAEからひとりずつエントリーしており、7名で争う。この人数でのラインアップなので、比較審査は左右の入れ替えが一度あるだけで、あっさりと終わる。国際大会には何度も出場しているが、本当に比較審査は一瞬。あまりにあっけないので「これでいいのか？」と思う。そして、どうやらフリーポーズは行われるようだった……。

ドーピング検査拒否での繰り上がり優勝はアンチドーピングを貫いた僕らしい結末

2024年12月19日、東京・有明コロシアムで行われたIFBB男子ワールドカップボディビル85キロ以下級の決勝フリーポーズ。人生最後の競技ステージでフリーポーズに選んだのは、2022年に日本選手権のときと同じもの。自分にとって、本当のラストステージは日本選手権だと思っているので、日本選手権で使用した『Go the Distance』は封印した。体調は優れなかったが、最後のステージですべてを出し切った。

そしていよいよ結果発表。国際大会の場合は、日本選手権のように演出を伴うポーズダウンは行われない。ただひたすら、淡々と順位だけが呼ばれていく。僕は2位で、UAEの選手が優勝した。今まで31年に渡り、ボディビルの大会に、数えきれないほどの回数、出場してきた。そのなかで体調不良で臨んだのは、この大会が最初で最後。検量は78・6キロと尋常ではないほど体重が落ちていたので、何か異常を来していたのかも知れない。

国際大会では、各クラスの優勝者でオーバーオール審査が行われ、総合優勝を決める。その大会、そのカテゴリーでひとりだけの、真の優勝者が決まるのだ。日本選手権で戦ってきた嶋田慶太選手が、男子ボディビル75キロ以下級で優勝し、見事オーバーオール優勝も成し遂げた。世界フィットネス選手権の女子フィジークでは、やはりオーバーオールで荻島順子選手が優勝している。安井友梨選手は世界選手権初挑戦から10年の歳月を経て、念願だったビキニフィットネスカテゴリーでの優勝を果たすなど、話題の尽きない世界フィットネス選手権&男子ワールドカップとなった。

結果発表が終わり、会場で帰る準備をしていると、僕のクラスの1位の選手が逃亡したという情報が入ってきた。どうやら、ドーピング検査の要請を拒否して逃げ出したらしい。陽性になったわけではないが、検査を拒んだ時点で、ルールとしては失格だ。なぜ検査を拒否するのか？ 逃げる必要があるのなら「ドーピング検査をする」とわかっている大会には出場しなければいい。その心理状態が、いまだに理解できない。「ひょっとしたら検査がないかも？」とでも思ったのだとしたら一体何を根拠にそう思えるのか？

近年は「薬物を使用していると思しき体をしている選手は、いい順位がつかない傾向にある」、つまり「審査がナチュラルに有利な見方に変化している」と、まことしやかにささやかれていた。しかし、今回の結果を見ると、明らかに成長ホルモンを使って内臓肥大しているために、筋肉は大きくなって皮下脂肪は少ないけれども、腹部が異常に膨れている体をした選手が上位入賞していたように見受けられた。今回の審査は、ひと昔前のように「筋肉が大きいほうが良い」という傾向に回帰してしまっている印象を受けた。

もし優勝していたら、嶋田選手とのオーバーオール対決が見られたと意見してくれる人もいた。実現できないのは、僕の責任だ。体調万全で臨んでいたら、違う結果だったかもしれない。しかし、起こってしまったことは仕方ない。それはさておき、嶋田選手がオーバーオール優勝したことはとても明るい話題だ。嶋田選手のナチュラルでつくり上げた体が、ワールドカップで一番に輝いたのだ。ナチュラルボディビルが世界を制した結果に、拍手を送りたい。

しばらく経って、ＪＢＢＦから連絡が入る。「ＩＦＢＢから正式に連絡が来て、木澤選手の優勝が確定しました！」という。人生最後の大会に出場して、当日は2位に終わったにもかかわらず、後から繰り上げ優勝になるという結果に、思わず苦笑いするしかない。

僕は、人生を懸けてナチュラルボディビルに取り組んできた。もはやそれは「信仰してきた」と表現してもいいくらいだ。そんな僕の行動を見ていたナチュラルボディビルの神様が、最後の最後にご褒美をくれたのかもしれない。徹底してアンチドーピングをメッセージとして送ってきた僕が今回のような経験をしたことは、ある意味、僕らしい結末だったのではないだろうか。もちろん、大会当日にステージ上で金メダルを受け取り、嶋田選手とオーバーオール対決ができれば最高だったが。繰り上げ優勝のニュースが「ボディビルと薬物使用」という根深い問題に関して少しでも考えてもらう契機になればいいと思う。

今回は、海外の選手と久しぶりに戦う機会になった。２００４年にバーレーンで行われたアジア選手権のときほどの衝撃は受けなかったが、相変わらず「海外の選手は当時のままだなあ」と感じた。もちろん海外の選手が全員、薬物に汚染されているわけではないし、ナチュラルで頑張る素晴らしい選手もいる。今回は日本で大会が行われたので、ＪＡＤＡの協力もあり、しっかりとドーピング検査が実行されたが、今後はぜひすべての大会で正しくドーピンテストを実施してほしいものだ。ＩＦＢＢの大会は常にドーピングテストが実行されることが周知されれば、「自分はテストの検査対象にはならないだろう」などと考える選手は根絶できるのではないだろうか。

ナチュラルで筋肉を鍛えることは、僕にしてみれば当たり前すぎることだ。何度もお伝えしているが、「自分の力で筋肉を鍛えて大きくすること」がボディビルという競技の根幹にはある。薬物を使用してしまうとその根底は覆る。それはもうボディビルではなくて、化学実験に近いのではないだろうか。

先日、中学校で講演する機会をいただいた。そこでは僕の筋肉に対して、男子生徒はもちろん女子生徒も興味を持ち、話を聞いてくれた。そこで話したのは、モットーである「耐えて続けること」、そして「ズルしないで、自分の好きなものと真っすぐに向き合う」ことだ。14歳でトレーニングを始めた頃から、そういう気持ちで取り組んできた。アジア選手権で薬物使用を目の当たりにしたときも「絶対にナチュラルで勝つ」と心に決め、貫いた。だから、中学生の前でもボディビル競技について自信を持って話すことができるし、自分の子供たちにもやってきたことをすべて伝えられる。もし、自分の体が薬を使って得た筋肉なら「どうしたらそんな体になれるの？」と聞かれたら、子どもたちにすべてを話すことはできないだろう。アスリートは子どもたちに夢を与えられる存在でなければならない。正々堂々と自分の取り組みを伝えられなければならない。僕は、そういう道を歩んできた。

これまでの経験を活かした社会貢献に意欲
トレーニングの目標は10年後も現状維持

2025年を迎えた今、競技生活最後の試合は終わったが、トレーニングは再開した。引退してからはスケジュール調整が難しく、いつもとは異なるイレギュラーな組み合わせのトレーニングをしていた。

引退後、初めて行う脚トレには、なぜか妙な緊張感を覚えた。「このトレーニングはもう、大会に向けたトレーニングではない」という一抹の寂しさのようなものもある。いつもなら、試合が終わるとすぐにオフに入り、「オフは○カ月しかないから、その間にしっかりと筋肥大をさせよう！」と、来年に向けたイメージが膨らんでいた。ただ、もうその必要はない。次のステージはないのだ。

今、何を目標にトレーニングをしたらよいのか、正直にいうとわからない。ある意味、自由で気楽なのだが、張り合いがない気もする。おそらくしばらくは「競技のない生活」に戸惑いを感じながら過ごしていくことになるのだろう。

ただ、最近になって目標ができた。

10年後の60歳になっても、50歳と同じ体でいることだ。

そこまでは一切筋肉を落とさずにいくことを目標にした。60歳になったら、50歳のときの自分と同じ自分を、ファンの皆さんに何らかの形で披露できたらいいなと考えている。「ジュラシック、変わらないな」と皆さんに思ってもらえるように、今はトレーニングに取り組んでいる。

「どれだけのトレーニングで、今現在の体を維持できるのか」ということに関しては、非常に興味がある。JBBFのトップボディビルダーは、今よりも大きな体、いい体を目指して日々を過ごしているので、10パーセントでトレーニングをする。維持＝キープするだけなら、もしかしたら、この半分の量でいい可能性もある。これからは「キープ」という言葉が鍵になるかもしれない。

現役を引退してみて一番違うと感じるのは、やはり気持ちの部分だ。

外からは決して見えないものなので、ジムで僕と顔を合わせる会員さんには「引退しても何も変わっていない」というふうに見えていると思う。それにトレーニングも、現役時代と何も変わっていない。若干セットが減ったところはあるが、1セットの追い込みなどはまったく変わっていないので、傍目に見ても違いはわからないのではないだろうか。

今まで若い選手たちに向けて口酸っぱく「トレーニングが楽しいなんて思っていたらダメだぞ！　嫌になるくらいのトレーニングをしろ！」と喝を入れてきた。でも、僕は引退した身。これからは楽しくトレーニングする（笑）。

今後もこれまで同様、ジュラシックアカデミーでのパーソナル指導がメインとなる。大会のゲストポーズは、ケジメとしてもう行わないが、セミナーや講習会の依頼があればお受けすることで、全国どこへでも行きたいと考えている。YouTubeに関しては、今後は時間に余裕ができると思うので、コラボなどの企画を精力的に行っていきたいし、アンチドーピングについてもこれまで通り発信していきたい。今までの経験を活かして、社会貢献をしていきたいと考えている。

また、ファンの皆さんには「10年後のジュラシック木澤」を楽しみにしていただけたら嬉しい。「ジュラシック木澤って、誰?」という時代に変化しているかもしれないが。

1月9日が誕生日で、2025年で50歳になった。心機一転、第2の人生を新たな気持ちで生きていきたいと思った。2024年は本当に、自分の出来事ではないかのような、何かのドラマを観ているかのような年であった。間違いなく、50年生きてきて最高の1年だった。

時々「どうして今やめてしまうのですか? 早くないですか?」と言ってくださるファンの方もいる。

2020年にKENTOくんと知り合い、最強の減量法も身につけた。このままの体を維持すればよいのなら、まだ数年はできると思う。しかしながら、日本選手権という舞台は、必死に維持した体で出場しても意味がない。毎年、進化した体で出場して初めて、評価を得られる場所。それが日本選手権という大舞台なのだ。年齢的には、維持させるくらいならまだなんとかできるかもしれないが、それだけでは順位が下がっていくのは目に見えている。

2022年の日本選手権で3位をいただいたとき、僕は「引き際」というものを強く意識した。そして「2年後、50歳になる前に引退」という決断をしたのだ。勢いで決めたことではないからこそ、引退したことへの後悔は微塵もない。
最後の年に、たとえどんな順位をもらっていたとしても、50歳になる2024年を最後に引退することは決めていたのだが、まさか最後の年に優勝という最高の結果を得られるとは予想もしなかった。

2024年日本ボディビル選手権、嶋田慶太選手（2位）、刈川啓志郎選手（3位）とともに

道を開き、道をつなぎ、道を譲る

～あとがきにかえて～

14歳のときに歩き始めた、究極の筋肉を追い求める「ボディビル道」。18歳で出会ったボディビル競技。初ステージから31年、あのときの18歳の少年が、50歳になるまでこの競技を続けるとわかっていたら、おそらく途中でやめていただろうと思う。あるいは、生まれ変わってまた同じ道を歩むとしても、おそらくここまでは続けられない。

なぜなら、先がわからないからこそここまで来れたのだと思うからだ。正直、何度もやめたいと思ったが、やめる勇気すらなかった。あと1年、あと1年と、ただその繰り返しで50歳までやってきたのだ。つらい時代は特に、何年先ということを見据える余裕すらなかった。「どうにかあと1年だけ」と考えて、それでまたうまくいかなければ「もう1年だけ」という気持ちだった。そして気づけば、たったひとりで歩み出した「ボディビル道」という道を、たくさんの人が一緒になって歩いてくれて、最後は皆さんとともに日本一の称号を手に入れることができた。

最後に、自分の「ボディビル道」から生まれたメッセージを皆さんに残して、ペンを置きたいと思う。

「夢中になって打ち込めば、その先に道は開ける」

大好きなトレーニングだったが、トレーニングを好きになってしまったことに、とてつもない後悔を感じた時代もあった。それでもやめられなかった。大好きなトレーニングに日々立ち向かうことで、今はこうしてトレーニングが仕事になり、そして日本一にたどり着いた。中途半端にやっていたら、きっと後悔だけが残っただろう。

やめられないからこそ覚悟を決めて、夢中になって打ち込むことができた。どんなことでも夢中になって立ち向かえば、必ずその先に道は開けるはずだ。20代の頃は、こんな40代が待っているとは思いもしなかった。つらかった時代も大好きなトレーニングを妥協せずに毎日続けたからこそ、今がある。

「明日が未来を大きく変える日になるかもしれない。いつでも希望を持とう」

長年「ボディビル道」を歩んできて、多くの人と出会うことができた。そして、その出会いや選択が、人生を大きく変えてきた。その出会いは、事前にわかるものではない。自分にとって明日が、その出会いの日かもしれない。今日という日が不甲斐なかったとしても、明日に希望を持とう。つらくても今日を耐え抜けば、明日は必ずやってくる。

「ボディビルが自分に教えてくれたこと。頑張ることより耐えること」

調子がいいときに頑張るのは、気分ものるし難いことではないと思う。しかしながら、調子が悪くなったり挫折したりしたときに、投げ出さずに耐えられる人は少ない。ましてそれらが何度も襲ってくれば、自然と弱気になってくるものだ。頑張ることと同じくらい耐えることができなければ、前に進むことはできない。日々の頑張りを無駄にしないよう、耐える力をつけよう。

「挑戦とは思い切って飛び上がることではない。着実に1歩1歩階段を登ることだ」

日々のトレーニングが、まさにそうだ。いきなり成長することなどないし、できるものではない。平凡な毎日でも1歩1歩着実に階段を登ることで、大きな成果となる。挑戦するというのは、何か大きな1歩を踏み出すイメージがあるかもしれないが、1歩ずつ着実に歩を進めることに他ならない。まずは目の前にある階段の1段を、確実に登り切ろう。

「人生は『結果』より『経験』だ」

僕は「49歳で引退」と決めた最後の年に、競技者としてようやく日本一という結果を出すことができた。でも振り返ってみると、そこに至るまでに自分にしかできなかった経験のほうが、はるかに大きな財産になった。たとえ最後まで日本一になれていなかったとしても、僕の経験は何も変わらない。結果だけでなく、どれだけの経験を積んだかということのほうが価値がある。

「日本選手権『最年長優勝』『初出場から優勝まで20年』」

僕は、ボディビル競技でふたつの記録をつくった。ひとつは、49歳で日本選手権優勝という最年長記録。そしてもうひとつは、初出場から優勝までにかかった年月が20年ということ。輝かしい記録ではないかもしれないし、むしろ珍記録といったほうがいいのかもしれない。でも、僕にしかつくれなかった記録であり、この先も破られることはきっとないだろう。

＊　＊　＊　＊

２０２２年から、僕のボディビル競技人生を最も象徴する言葉「不屈の精神」を表す造語である「ＩＲＯＮ ＮＥＲＶＥ」というブランドを展開させていただいている。「不屈の精神」というと、カッコいい言葉に聞こえるかもしれないが、簡単に言えば「諦めない気持ち」のことである。

近年、「根性」という言葉はあまり好まれなくなってしまったが、「つらいときに根性を出して乗り切れ！」というのは、僕が伝えたいことの本質ではない。もう少し先にあるものを、もう少しだけ欲を出して、もう少しだけ耐えれば、この先に絶景があるかもしれない。だから「その絶景を見るために、もう少しだけ耐えてみよう」というニュアンスである。もし、読者の皆さんも何かに向かって歩いているのであれば、この言葉が少しでも勇気を与えるものになればうれしく思う。

道を開き、道をつなぎ、道を譲る。これにて我がボディビル道を終える。

木澤大祐

２０２５年４月１日

著者 PROFILE

木澤大祐（きざわ・だいすけ）◎1975年1月9日、三重県四日市市生まれ。愛知県名古屋市育ち。16歳からトレーニングを始め18歳でコンテストデビュー。2024年、国内の最高峰大会・日本ボディビル選手権20回目の出場にして初優勝、さらにIFBB男子ワールドカップ優勝。そのシーズンをもって現役を退いたボディビル界のレジェンド。「ジュラシック木澤」の異名をもつ。2017年にはトレーニングジム「ジュラシックアカデミー」をオープン。自身のYouTubeチャンネルの登録者数は11万人以上。セミナーにはベテラントレーニーだけではなく、初心者の若い人も多く詰めかける。

ジュラシック木澤《きざわ》　半生記《はんせいき》
——IRON NERVE《アイアンナーブ》
不屈《ふくつ》の精神《せいしん》

2025年4月30日　第１版第１刷発行

著　者　木澤大祐《きざわだいすけ》
発行人　池田哲雄
発行所　株式会社ベースボール・マガジン社
〒103-8482
東京都中央区日本橋浜町2-61-9 TIE浜町ビル
電話03-5643-3930（販売部）
03-5643-3885（出版部）
振替　00180-6-46620
https://www.bbm-japan.com/

印刷・製本　共同印刷株式会社

ISBN　978-4-583-11751-5　C0075